榎本　秋

外様大名40家

「負け組」の処世術

189

まえがき

織田信長・豊臣秀吉・徳川家康の、いわゆる「三英傑」が活躍した戦国時代末期――いわゆる安土桃山時代（織豊時代）から江戸時代初期にかけては、日本史において特に華やかな時期の一つだった、といえよう。

それ以前も、室町幕府の崩壊に従って各地で群雄が割拠し、勢力争いが繰り広げられてはいたが、それはあくまで小競り合いの域を超えないものであった。

関東の北条家、甲信越の上杉家と武田家、東海の今川家、中国の毛利家、九州の大友家に島津家といった、複数の国にわたる勢力を築き上げた地方の覇者こそいたものの、彼らの力が全国的に及ばされることはなかった。

最強の戦国大名は誰かと問いかけたときに、武田信玄、上杉謙信、今川義元、毛利元就といった名前を挙げる人は多いだろうが、彼らのうち誰も、三英傑のような巨大な業績を築き上げることはできなかったわけだ。

それには様々な要因があった。家臣団統制に問題があったケースもあれば、当時の中心地域であった近畿から遠すぎたことが障害になったケースもある。急激な成長を望まなかったものもあれば、野望に向けて突き進む最中に合戦や病に倒れたものもいる。

だが何よりも、彼らは「タイミングが合わなかった」のではないだろうか？

動乱の時代が収束して、それまでのパラダイム（価値観）がシフト（転換）していく時代が訪れたとき、彼らはすでに年老いていて、新たな時代を切り開くだけの力がなかったのではないだろうか。守護大名が戦国大名へと変貌した後、新たな近世大名へと移り変わっていく時代の手綱を取るだけの力はもうなかったのではないか。

本書で紹介するのは、そうした「大名たちにとっての新しい時代」と、その中で「負け組」ともいえる立場に追い込まれた大名たちの話である。

実際、信長という天才が率いた織田家の躍進以後、事情が変わっていく。

尾張の小勢力から出発した織田家は、瞬くうちに勢力を広げ、その支配権を全国規模へと拡大していった。そうなれば自然とやり方も変わってくる。信長は新たな統治システムを構築していく改革者であり、その一方で室町将軍や天皇といった旧時代の権威をうまく担ぎ上げることもできる、非常に柔軟な思考力の持ち主であった。

特に重要なポイントは、信長の時代以後に、武士たちが土地から切り離されていったことである。もともと、武士は、居住する地域と強いつながりを持っていた。彼らを支配する大名も同じであり、代々受け継いできた地盤があり、そこに領地もあれば家臣も領民もいたわけだ。

しかし、信長がその支配の手を全国に広げるにあたって、武士たちは生まれ故郷を離れ、新たな領地に移っていく。これは当時の常識からすると激烈なパラダイムシフトであった。それまでは「武士とは土地に付くもの」であったからだ。

さらに、その信長の天下統一路線を継承した秀吉、そして家康の治世において、武士たち、大名たちを取り巻く事情はさらに変わっていく。特に関ヶ原の戦いで豊臣方についた大名、またその直前に徳川方についた大名は、その後の約二百数十年に及ぶ平穏な江戸時代の中で、「外様大名」として生き残ることを余儀なくされた。そして武士たちは所領（領地）を与えられるのではなく俸禄（給与）を与えられ、その上に立つ大名たちもまた安土桃山時代～江戸時代初期に代々受け継いできた土地から切り離されていった。

武士たちは名目上従来通りの軍事階級として振る舞いつつも、実質的には以前よりはるかに強く統治者・行政官僚としての性格を要求されるようになり、戦国時代の「先祖代々伝わってきた自分の領地を守るために戦い、独自に活動する」武士たちとはまったく別種の存在へとなっていったのだ。

本書では戦国時代から江戸時代へ移り変わる転換期で武士がどう変わっていったのか、そして「外様大名」(及び、それに近い立場の譜代大名)が幕府のプレッシャーに耐えながらいかにして平和な江戸時代を生き抜いたのかについて見ていくこととする。

外様大名40家／目次

図版作成　(有)美創

第一部 戦国大名から外様大名へ

第一章 織豊政権期のパラダイム転換

戦国大名の誕生

平安時代後期、自衛手段を必要とした農民たちや、軍事的技術を備えた狩猟民、また貴族たちのうち軍事的役割を担ったものたちを母体として、軍事階級としての「武士」が生まれた。彼らは血縁・地縁による集団として「武家」を形成し、また特に力を持つ武士・武家を称して「大名」とも呼ぶようになった。

どこかで「一万石以上の石高を持つ武士（武家）が大名」という定義を聞いたことのある人もいるだろう。ところが、それは江戸時代に入ってからのことなのだ。それ以前には、「どのくらいの勢力がある」から大名、という区分は存在しない。あくまで「周囲の武家と比較して大きい力を持っている」から大名と呼ばれたわけだ。

このように、私たちがしばしば無造作にその名を呼ぶ武士／武家／大名たちの存在・定義は、実際のところ歴史において普遍でもなんでもなく、時代に合わせる形でその性質を多様に変化させていった。

室町時代において、幕府は有力な武士たちを「守護」という役職に就け、各国の統治を任せていた。彼らの中には数ヶ国の守護職を独占するほどの有力者もいた。彼らを称して「守護大名」と呼んだ。

守護大名たちは室町幕府の政治に強い影響力を持っており、当時の幕府は頂点として足利家出身の将軍を戴きながらも、実質的にはある種の合議制を形成していた。いきおい守護大名たちは基本的に京で幕府政治に関わることになり、実際の統治は守護の家臣である「守護代」が行うことになった——が、さらに実際には守護代たちも京に常在することが多く、国元には守護代のさらに代理である「又代」が置かれる、というケースも多かったようだ。また、有力な武士はたびたび上洛し、朝廷・幕府とのつながりを持っていた。

ところが、十年にわたる内乱である応仁の乱や、有力幕臣によるクーデターである明応の政変といった事件によって室町幕府が実質的な権力を失うと、各地の武士たちは自らの勢力を守るために小競り合いを繰り返すようになった。戦国時代の到来である。

その中で、守護大名や守護代、また有力国人たちは生き残りをかけてそれぞれに変質していくようになる。そうして強大な力を有するようになった武士たちを称して「戦国大名」というわけだ。

初期の戦国大名の立場

しかし、戦国大名たちの支配は決して安定したものではなかった。

周辺勢力との小競り合いが日常的だったのはもちろんだが、それ以上に彼らの家臣たる地付きの武士――国人（あるいは豪族、土豪、地侍とも）が問題だった。

彼らは下級武士（ほとんどが半農半兵で、普段は農民として農業に従事するが、何かことがあると武具を身につけて出陣する）を取りまとめる存在で、小なりといえど独立勢力的傾向が強かった。より有力な武士、すなわち戦国大名の支配下に入りながらも、しばしば独自の思惑で行動し、場合によっては国人たちが「一揆」と呼ばれる連合体制を作り上げて大名を脅かすことさえあった。山城国一揆や伊賀国一揆などがその代表例である。

このあたりは鎌倉時代に成立した「御恩」と「奉公」の概念――主人がもともとの所領を所有し続けることを認めたり新たな所領を与えたりする代わりに、従者が軍事活動などで奉仕する、ギブ・アンド・テイクの関係とまったく変わらない。そこには私たちが「武士道」の名のもとに想像するような片務的な忠義が割り込む隙はなく、冷徹なまでの利害関係だけがある。

たとえば、下克上の代表的人物の一人に数えられる「美濃の蝮《まむし》」斎藤道三《どうさん》の例を挙げてみよう。彼はもともと京の武士の血筋であったが、父の代に美濃へ入って美濃守護・土岐《とき》家で頭角を現し（有名な「油売り商人から一代で身を立てた」説は現在ほぼ否定されている）、ついに美濃守護代・斎藤家を継承するとともに土岐家を滅ぼし、美濃一国を手に入れてしまった。しかし、やがて息子の義龍《よしたつ》との関係が悪化、家督を譲ってもその関係は修復せず、内乱の末に息子によって倒されてしまう。

道三の下克上においても、また息子・義龍の父殺しにおいても、美濃国内の国人たちが大きな役割を果たしている。彼らは代々仕えてきた主家を見限って道三につき、さらにその道三も裏切って義龍についたわけだ――自らが生き残るためにどうするべきか、を計算した上で。

大名と国人はもともと同格

そもそも少なくない数の戦国大名たちが守護代や国人から出発し、下克上的に主君（守護）を打倒することによってその勢力をのっとり、周辺へ進出してさらに勢力を伸ばしてその地位に就いていたことも大きい。

なぜなら、配下となった国人衆や外様衆はもともと大名と同格の国人であったため、従わなければいけない大義はなかったからだ。その戦国大名の力が強く、将来性が豊かなうちはいいが、内紛が重なったり、外敵との戦いに負けたり、周辺に強大な勢力が誕生したりすると、国人たちが一気に離反してしまうことも十分にありうる。

これに対して、戦国大名と同じ一族に属する一族衆や、古くから戦国大名の氏・家に仕えてきた譜代衆などは比較的信頼性が高い武士たちといえる。

ただ、その一方で同じ一族での内乱が日常茶飯事だったのもまた事実であり、たとえば織田信長が長く尾張国内で同族同士の争いを続けなければならなかった（最終的な決着がついたのは桶狭間の戦いよりさらに後、斎藤龍興《たつおき》と美濃を巡って争う中でのこと！）ことを考えれば、同じ一族であっても気を許すことはできなかったともいえる。

「大義名分」は大名の命綱

このような事情から、戦国大名たちは自らの政治権力を強化・安定させるために様々な手を打っていった。

たとえば、戦国大名たちの多くは「大義名分」を重視し、自らの権威を増大させようと苦心した。一例として、戦国武将はしばしば朝廷や幕府に働きかけて官位や役職などを得る、あるいは勝手に自称したりしたが、実際には戦国時代の官位・役職に、本来存在していた実質的な意味（朝廷での役割）など残っておらず、武将たちもあくまでハッタリ的な意味しか求めていなかった。たとえば、前田利家は参議・権《ごん》中納言・権大納言といった官位を得てはすぐに辞めてしまった（最短で五日！）。他の大名たちもおおむね似たようなものであったという。

それでも彼らが官位・役職を求めたのは、それを持つことで他の武将よりも格が高くなり、朝廷や幕府とも関係が深くなって、ハッタリが利かせやすく、中小の国人たちを従わせやすかったからだろう。「元は同格じゃないか！」という不満に対して、「しかし今は朝廷から〇〇守に任じられているので格が違う」と反論ができるわけだ。

非常にわかりやすいのが織田信長の振る舞いだ。彼は上洛するにあたって将軍の弟・足利義昭を担ぎ、実権を掌握しても彼が明確に歯向かってくるまでは攻め滅ぼそうとはせず、実際に滅ぼすことになっても命を取らずに追放で済ませた。「主君殺し」の汚名を着て、これを理由に支配下の諸将が反乱するようなことがあったらまずいと判断したに違いない。

さらに信長は天皇・朝廷との関係構築にも熱心だった。積極的に朝廷を援助して友好関係を作り、その権威を利用して諸大名を威圧し、自分が不利になると朝廷の仲介によって相手と一時的に和睦《わぼく》し、その間に態勢を整えた。

支配力強化に躍起になった大名たち

戦国大名たちは支配力を強めるために様々な制度改革を行った。

まずは検地（土地の広さや生産能力の調査）の実施がある。

戦国大名たちによる検地は「村側に調べさせて結果を提出させる」というもので、後年の豊臣秀吉による太閤検地にあったような統一された度量衡（計測の単位）もなければ、大名側が役人を派遣して直接調査をするようなかたちでもなく、調査精度はそこまで精密なものではなかった。しかし、その結果に基づくことで、大名は村ごとの生産力を把握し、年貢・軍役を決め、また家臣に所領として与えることができた。

「どの村にどれだけの生産力があり、どれだけの価値があるのか」が正確にわからないと適切に年貢を徴収することができないし、所領として与えるにあたっても色々と問題が起きてくる。「敵を知り、己を知れば百戦百勝危うからず」とは孫子の言葉だが、まず自分の足元である土地の生産力を把握することは、戦国大名たちにとってある意味で一番大事なことだったわけだ。

そして、分国法（戦国大名たちが室町幕府のものとは別に定めた法律。守護大名や国人たちが戦国大名化する条件の一つとも）もまた、こうした支配力強化の一環として行われたものであった。

たとえば、代表的な分国法の一つである今川家の「今川仮名目録」には、「守護不入」を否定する記述がある。この守護不入というのは幕府が認めた特定の地域を守護が支配下に置いてはいけない、という原則だったのだが、「今川仮名目録」では「今はもう将軍が天下を支配する時代ではなく、あくまで自分の判断で所領を支配しているのだから、その所領内に守護の力が及ばない場所があるはずがない」としてこれを否定している。これは幕府による支配を否定し、戦国大名として独自の勢力を築いていくという宣言に他ならない。

この他にも分国法には領民の支配や家臣団を統制するためなどの様々な法令が記載され、戦国大名の領内への支配力を強化する一助となった。

巧みな婚姻・養子政策

それからもう一つ、特別にこの時期の特徴というわけではないが、盛んに行われた支配力強化の手段として、婚姻・養子政策があったことは見逃せない。

①「同盟の証《あかし》として妹や娘を嫁に送る（実質的な人質&スパイ！）」
②「有力な家臣に妹や娘を嫁入りさせ、一族衆に取り込む」
③「有力武家に息子を養子として送りこみ、実質的な支配下にしてしまう」

など、その活用法は枚挙にいとまがない。

①のケースの例としては、甲斐の武田家・相模の北条家・駿河の今川家の関係がある。この三家は関東から東海にかけての地域で大きな力を誇った戦国大名であり、時に争い、また時に同盟（和平）を結ぶ、という関係だった。そして、同盟ということになれば姫君が国境を渡って嫁入りし、和平を大々的にアピールしたのである。特に、三家が相互に同盟を結んだ「甲相駿三国同盟」に際しては、それぞれの嫡男に他家の娘が嫁入りし、同盟

の証となった。

②、③のケースの例には、中国の覇者・毛利家を挙げたい。毛利家を小国人から中国一の勢力へと成長させた毛利元就《もとなり》は、自身の子供たちを勢力拡大にうまく活用している。次男・元春を吉川《きっかわ》家へ、三男・隆景《たかかげ》を小早川家へ、と本来は同格であった国人のもとへ養子として送り込み、ついには相手をのっとって毛利傘下にしてしまった。また、長女の五龍《ごりゅう》局《のつぼね》は有力国人である宍戸《ししど》家に嫁入りさせ、ガッチリと勢力に組み込んだ。このような巧みな養子・婚姻政策こそが、毛利家の躍進を支えたのである。

信長による常備軍の創設

これらの戦国大名の支配力強化策は織田信長によって一つの結実を迎え、それによって武士・大名の性質もまた大きく変わっていくことになる。彼らはさらなるパラダイムシフトを迎えることになるのだ。

信長の政策の中で特にクローズアップすべきは、〝常備軍の創設〟である。

既に述べたように、当時の武士たちは土地に強く結びついていた。それに対して信長は彼らを土地から引きはがし、城下町に住まわせることで専業の兵士とした。これはいわば自営業の商店主たちを社員として迎え入れたようなもので、経済政策に熱心だった信長だったからこそ実現できた政策といえよう。

その結果として、織田軍団は他に類を見ない機動力を獲得した。半農半兵の下級武士を主力として抱える一般的な軍団が農繁期である秋に動けなかったり、遠征がしにくかったりと多くの制約を持っていたのに対し、そういった農業的な事情に縛られず、自在に動けたのだから当然だ。

また、信長が当時日本にやってきて間もない火縄銃を活用できたのも、「専業兵士だからこそ、扱いの難しい新兵器をきちんと訓練させる時間があったから」と考えることもできるだろう。

これは武士の性質そのものが変わる転換点の一つでもあった。

土地を離れた領主たち

同種の変化は大名にも現れた。従来の戦国大名や国人たちが自分の本来の所領周辺での所領の奪い合い、広くても一国か一地域での勢力争いに終始していたのに対し、信長は近畿を中心に東は関東・北陸、西は中国にまで広がる勢力を築いていった。

そんな中、織田政権は征服した地域の国人・大名を取り込むだけでなく、家臣たちに恩賞として征服地域を与えていく。その結果、本来その地とはまったく関係のない、多くの領主が生まれた。これは本来の所領から遠い場所に縁がなかった、従来の戦国大名にはない動きである。

また、突如抜擢されて大きな加増を受けた大名は、従来の家臣や移動先の国人たちだけでなく、新参の家臣をよそから集めてこなければならない。当然、彼らも所領の庶民たちとは一切関係がない。

このようにして誕生した新領主はその地との強い因縁を持たない。つまり、古くからの関係性などを気にしないですむため、従来の領主たちの政策を継承せずに新たな道を目指すにあたっても、またその地の国人たちを家臣団に組み込むにあたっても、有利に進めることができた。信長が革新的な政策を次々と実行してその力を拡大するにあたって、このような事情がバックボーンとしてあったと考えるのは、ごく自然なことであるはずだ。

もちろん、いいことばかりではない。海のものとも山のものともつかぬ新領主がいきなりやってきて、それまでのやり方とまったく違うことをやりだせば、国人にせよ、農民にせよ、反撥するのが当たり前だ。特に、その地の大名を滅ぼすことによって得られた新所領ともなれば、旧臣の蠢動《しゅんどう》が大きな問題となる。

　実際、信長が本能寺の変で倒れると、この問題が表面化する。武田攻めの功績によって甲斐を与えられた河尻秀隆は国人たちの反乱や一揆によって攻め滅ぼされたし、同じく上野《こうずけ》を与えられて関東・東北方面との交渉にあたっていた滝川一益《かずます》が北条家に負けて関東を追い出された背景にも、家臣団として取り込んでいた国人たちの反抗があった。

　そのようなマイナス面はあったにせよ、これらの変化が中世武士・戦国大名たちを近世武士・近世大名へと変貌させていったのは間違いない。

　戦国大名の家臣たちはそれぞれ累代の所領を持ち、その地の領民たちと深い関係を築いていた。下級の武士に至っては領民と区別できない存在である。さらに、家臣団と大名の間にも先祖代々のつながりがあった。結果として、大名とは「土地に深く根を張った大木」のようなものであったのだ。

　しかし、信長以降はこの構図が変わっていく。大名も、その家臣も、土地や領民たちに対して深いつながりを持たない。武士は城下町に、農民は村々に住み、その領域が明確に分けられていく。これは大きなパラダイムの変化であった。

豊臣秀吉の天下統一

織田信長は天下統一を目前にして謀反《むほん》に倒れたが、代わってこれを成し遂げたのが織田家臣の豊臣秀吉であった。秀吉は豊臣政権の安定を目指して武士・諸大名に積極的な干渉を繰り返し、この影響を受けて武士・諸大名の性質はさらなる変化を遂げていく。

秀吉は農民たちから武器を取り上げ、信長の兵農分離政策をさらに推し進めた。さらに、天下統一の過程やその後の治世の中で多数の大名たちを取り潰し、功績のあった者たちを大幅に加増し、それにともなって大々的かつ全国的な大名の移動を行った。

たとえば、鎌倉時代以来の名門の末裔《まつえい》である宇都宮鎮房《しげふさ》は、九州征伐軍を率いて進行する秀吉に臣下の礼を取らなかったため、豊前から伊予への移動を命じられ、代わって黒田孝高《よしたか》がそこに入ることになった。これに反撥した鎮房はゲリラ戦を展開して孝高を苦しめたが、最終的には彼の策略によっておびき寄せられ、酒宴を装って暗殺されてしまった。

秀吉と対立した関東の覇者・北条家も滅ぼされ、東北地方の諸大名のうち、秀吉による北条攻めの命令を無視し、かつ秀吉とよしみを通じていなかった大崎、葛西、黒川といった大名は取り潰された。

また、秀吉は旧織田家時代の同僚たちも例外としなかったようだ。

織田家の重臣であった丹羽長秀の丹羽家は、長秀の生前には秀吉に厚遇されたものの、その死後には厳しい扱いを受け、大いに所領を削られてしまっている。

織田政権の関東方面司令官であった滝川一益は、関東を追われたのちにしばらく秀吉と敵対していたが、やがて降伏。その後は秀吉の支配下に入ったものの、小牧長久手《こまきながくて》の戦いにおいて徳川家康にあっさり敗れたことから秀吉の怒りを買い、以後は出家・蟄居《ちつきょ》して余生を過ごすことになった。

同じく秀吉と敵対した佐々《さっさ》成政《なりまさ》も最終的には降伏し、その後羽柴姓と要地である肥後のほとんどを与えられて厚遇されたが、秀吉の期待に応えられず国人一揆を勃発させてしまい、切腹へと追い込まれてしまったと伝えられる。

秀吉の大名鉢植え政策

このように、秀吉の政策に従う形で、多くの大名たちが本領より遠く離れた新たな所領に行かざるを得なくなった。結局のところ、大名たちがこの時代に生き残るためには、絶対的な実力者である秀吉に逆らわないことが肝要だった、ということなのだろう。

その中で特筆すべき存在が、徳川家康である。

家康は信長の同盟者として実質的には織田政権に組み込まれた家臣であったが、その死後は独自の勢力拡大を図る一方、信長の次男、信雄《のぶかつ》を支援して旧織田政権内の後継者争いにも干渉した。小牧長久手の戦いでは秀吉に対して優位に立ったものの、信雄が勝手に講和してしまったために大義名分を失い、やがて豊臣政権に組み込まれる。

この時期の徳川家は豊臣政権下でも屈指の大大名であったが、小田原征伐後、家康は代々受け継いできた三河を含む東海から、関東への国替えを命じられ、本領を手放すことになった。これは家康を遠隔地へ移してその脅威を削ごうとする秀吉のたくらみであったとされるが、家康ほどの大名であっても、これには従わざるを得なかったのである。

この配置転換から逃れて、かつ本領を保持できたのは、ごく少数の、それも中央から離れた遠隔地の大名だけだった。すなわち、陸奥の南部・津軽・岩城・相馬、出羽の最上・戸沢、常陸の佐竹、中国地方の覇者として早くから秀吉に協力した安芸の毛利、土佐の長《ちょう》宗我部《そかべ》、対馬の宗、肥前の松浦・五島・大村・鍋島（龍造寺）、肥後の相良、そして薩摩の島津などである。

秀吉はこうした一部の例外を除き、大名をその家臣団とひとまとめにして、自らの思惑に従って全国各地へ移動させた。そのためには、大名の側にある種のシステム化された統治体制――のちに〝藩体制〟と呼ばれるものが必要であり、全国政権としての豊臣政権において「どの大名がどこに行っても同じ統治ができるように」するための均一化された制度が必要だった。たとえば、前述した太閤検地において、度量衡が統一されたようなものである。

信長が大名たちという木の地面に張り巡らせた根を斬ったとするなら、秀吉はそれをさらに徹底的に行って「鉢植え」にしてしまった、というところだろうか。

この姿勢は江戸幕府へと継承され、先述した「転封を免れた大名」のうち、江戸時代に至っても本領を守れたのは鍋島と島津などごくわずかになった。

中央政権による干渉とそれに対する不満

戦国大名たちに対する秀吉の干渉はこれにとどまらなかった。諸大名の領国の内部に一万石程度の蔵入地（直轄地）が設定され、これが豊臣政権にとってのその地方での拠点となった。さらに、秀吉は片倉小十郎（伊達家）・直江兼続《かねつぐ》（上杉家）・鍋島直茂（龍造寺家）・伊集院忠棟《ただむね》（島津家）といった各大名を補佐する優秀な重臣に接近し、知行を直接与えたり、「この武将にこれだけの知行を与えるように」と大名に指示したりした。その理由としては、外様の大大名から腹心を切り離すことで勢力の分断を狙い、優れた武将を取り込もうとしていたのだと考えられている。急激に成り上がったために直臣が少ない豊臣家の台所事情も関係していただろう。

これらは露骨な内政干渉であり、もともとは独立した勢力であった諸大名は、腹にすえかねたはずだ。実際には起きなかったが、何らかの大規模な反乱が起きてもおかしくはなかっただろう。

秀吉が石田三成を始めとする五奉行によって中央集権的な政治体制の確立を目指す一方で、徳川家康を始めとする有力大名を五大老として政権に組み込んで自分の死後の政権運営を託したことにも、このような「諸大名を統制しなくてはならないが、一方で彼らの意志を完全に無視するわけにはいかない」という、まだ戦国の乱世が終わりきっていない、微妙な時代の空気が背景としてあったのではないか。

それでも、それぞれ独自勢力として活動していた戦国大名たちが、中央政権の支配下に入り、多種多様な干渉を受けつつ生き残りを図るようになったことは間違いない。このような形で、戦国大名たちはパラダイムシフト――近世大名への変化を果たしていくのである。

第二章　江戸幕府のシステムに縛られた外様大名

武家諸法度──大名統制の根幹

豊臣秀吉の死後、天下を取ったのは徳川家康であった。婚姻政策を通じて諸大名を味方に引き込み、また前田家・上杉家などに謀反の疑いをかけて追い込み、ついに挙兵した石田三成らの反徳川勢力を関ヶ原の戦いで打倒。江戸幕府を作り上げ、さらに大坂の陣で豊臣家を攻め滅ぼし、その後二百五十年余りにわたる太平の江戸時代の基礎を築き上げた。

この章では「家康の築いた江戸幕府は、どんなシステムを構築して大名を統制したか」「戦国大名から近世大名へと変化した大名たちが、幕府の統制に対してどのように生き残ったか」を紹介していく。それはまた、江戸時代における大名たちの立場を明確に表すものでもあるのだ。

江戸幕府の大名統制において根幹となったのが、「武家諸法度」――すなわち、武家の法律である。これは二代将軍・徳川秀忠によって定められた十三条のものが最初で、代々の将軍によって改訂されてきたが、八代将軍・徳川吉宗以降は改訂されず、幕末に至った。

武家諸法度は「武士・大名はどのように振る舞うべきか」を定めたものであり、武士の心構えから、具体的な制約・行動規則までその内容は多岐にわたる。

たとえば最も有名な第一条の「武芸や学問をたしなむこと」。通説では学問の重要性を説いたとされるが、むしろ武を強調し、武士が軍事階級であることを忘れないようにという意味があったとの説が有力である。また「倹約を心がけること」「藩政を清廉に保ち、法を違《たが》えず、国を衰退させないこと」といった条項は「武士はかくあるべし」との心構えを説いている。

その一方で、参勤交代や、衣服や輿《こし》の種類を武家の格ごとに定めたり、あるいは「何らかの事件が起きた場合に独自の判断で行動したりしないこと」「徒党を組んで何かたくらんだりしないこと」と、謀反につながりそうな行動を規制したりと、大名を統制する具体的な施策も規定している。

これによって江戸幕府は諸大名の動きを抑え、二百数十年にわたる安定を得た。裏返せば、大名たちが生き残るには、この武家諸法度に従っていくしかなかった、ともいえる。

大名が最も恐れた改易と減封

生き残りを望んだ大名が最も恐れたもの――それが改易《かいえき》（お取り潰し）であり、減封《げんぽう》（領地の削減）であった。

特に江戸時代初期には豊臣家と関係のある外様大名や、後継者騒動を起こした大名、家臣団を上手く統制できなかった大名、何らかの失態を犯した大名などが次々と改易されていった。

関ヶ原の戦いに西軍として参加した土佐の長宗我部家は、時の当主・盛親《もりちか》の兄で徳川家と親しかった親忠《ちかただ》が戦後に謀殺されたことから家康の怒りを買い、改易させられている。謀殺の原因は、かつて兄を差し置いて家督を継承した盛親から、徳川家と親しい親忠に家督が移るのではないかと考えた盛親側近の先走りであったという。

関ヶ原の戦いで家康に与して先鋒まで務めた福島正則には家康も配慮したと見え、安芸・備後の二ヶ国を与えながらも「これでも納得しないかもしれない」と考えていたほどだ。しかし、そんな福島家も、洪水に見舞われた広島城を修理したことが「武家諸法度違反」と難癖《なんくせ》をつけられ、改易させられてしまう。

福島正則と並んで豊臣系大名の筆頭に挙げられ、やはり関ヶ原の戦いでは東軍についた加藤清正の熊本藩・加藤家もまた、改易となっている。彼の死後、後を継いだ三男の忠広が「藩政に問題があった」「江戸で生まれた子供を幕府へ届け出ずに国元へ帰した（武家諸法度違反）」「偽の謀反書が出回った際にすぐさま幕府へ通報しなかった」などの理由によって改易されたのである。

一方、同じく「賤《しず》ヶ岳七本槍」にも数えられた加藤嘉明《よしあき》の会津藩・加藤家は「叩き上げ大名の息子のボンクラ具合」が目立つ。嘉明の息子の明成は、地震で天守閣が傾いていた鶴ヶ城の大改築を行って幕府に危険視されたり、内政に失敗したりと暗愚な人物であったようだ。挙句、重臣の堀主水《もんど》と対立して幕府まで巻き込む大騒動を起こし、主水は処刑したもののこの事件の際の言質《げんち》を取られる形で所領を没収されてしまった（その後、子孫は小大名として幕末まで残る）。

改易が生みだした浪人たち

改易は幕府の権力を強化する最も手っ取り早い方法であり、実際に大名たちは改易を恐れて、後述する過酷な御手伝普請《おてつだいふしん》に従事するなどした。

しかし、一方でこのような強権発動は大量の浪人を生み出すことになり、治安を悪化させ幕府に不満を持つ勢力が結集して、事件を起こす可能性が高まった。

それが具現化したものこそ、一六五一（慶安四）年、軍学者・由井正雪《ゆいしょうせつ》に率いられた浪人たちが幕閣批判をかかげて幕府転覆をもくろんだ「由井正雪の乱」であった、といっていいだろう。

これが一つの転機となって、幕府がむやみに大名を改易・減封することはなくなった。由井正雪の乱と同じ年に、末期養子《まつご》――跡継ぎのいない大名が、危篤時に緊急の養子を取り、相続人とすること――が解禁されたことも、大名に大きく味方した。

末期養子は江戸時代初期においては武士の振る舞いとしてよろしくないものと見られ、また大名勢力を減少させようとする幕府の意向もあって禁止されていたのだが、この時に「養父が十七歳以上五十歳未満であるなら」という条件付きで許可されることになった（のちに年齢上限は撤廃）。

これによって「大名が跡継ぎを用意できないまま急死してしまったので御家断絶」というケースが減り、多くの家が改易を免れることとなった。

大名を監視する国目付と巡見使

改易が頻発された江戸時代初期を除き、幕府はよほどの事件がない限り諸大名にかなり高度な自治を認めたが、それは大名たちを野放しにする、という意味ではなかった。

何か大きな事件が起きたら、もしくは起きる前にそれを察知し、処罰を加えるための監視・監察制度もまたしっかり整えられていた。

幕府の役職として、大名たちの監察を任せられたのは「大目付（総目付）」であった。大名たちの行動を監視し、また幕政全体にも目を光らせていた。

当初は柳生宗矩《むねのり》などの外様大名が務めていたこの役職は、江戸中期になると旗本が就くようになり、やがて職務の内容も諸藩への法令伝達や江戸城内での序列・作法の取り仕切りなど、儀礼的なものになる。そのため、大名たちの監視者として機能していた時期は短い。

それでは、実際に諸大名を監視していたのは誰だったのか。どうやら、臨時の役職として地方へ派遣された役人がいたようだ。

一つは「国目付」である。これは三代将軍・家光の時代に制度が整えられた旗本の役職で、二名一組になって監視対象の大名のもとへ赴き、その城下で数ヶ月（あるいは交代で十数年！）滞在し、藩政が正常か、民情はどうか、と厳しく監視した。

たとえば、先述した会津藩・加藤家の所領没収は、藩内部の紛争を国目付たちが調査した結果だったようだ。また、後述する出羽国山形藩の最上家で幼い当主・義俊が家中を抑えられず、内紛の末に領地没収となった際にも、幕府より国目付が派遣され、裁定が下されている（→P64）。

もう一つが「巡見使」である。こちらは一ヶ所に滞在するのではなく、諸大名の所領を渡り歩いてその事情を調べることを主な役目としていたようだ。大名や家臣団には接触せず、村役人などに直接会って実情を調べていた。

当初は一人の将軍の代に数度派遣されたが、五代将軍・徳川綱吉の時代以降は将軍が代替わりしてからの一年以内に派遣されることになった。

たとえば、毛利輝元は息子に対して「国々に目付がいるので、大名たちは夜も昼もそれらに気を使っている」といった手紙を残している。

また、大名たちは巡見使対策として村役人に「こういう質問が来たらこう返せ、書いてない質問には『存じません』と言え」と対応問答集をつくって配ったのだが、ある村で巡見使が「あそこで放牧している馬は冬の間はどうするのか」と聞いたら、村役人は「存じません」と言った――馬のことは対応問答集に書いていなかったからだ――なんて笑い話もある。そのくらい、大名たちは幕府の目を恐れていたのである。

大名の格付け①詰所

もちろん、法をつくり、目付に監視させるだけで大名を統制することはできない。幕府は様々な制度やルールを制定し、それによって大名たちの行動を縛り、また浪費せざるを得ない状況をつくった。

その代表的な存在であったのが、家の「格」であった。現代人の感覚からすれば「家の格」などというものは大したことがないようにも思えるが、武士たちにとっては日常的な存在であり、「格」は切実な問題でもあった。

最も基本的な格としては直臣《じきしん》と陪臣《ばいしん》の区別がある。

直臣というのは「徳川家に直接仕えている家臣」のことで、一万石以上なら「大名」、それ以下なら「旗本」あるいは「御家人」と呼ばれた。旗本と御家人の差異は主に「御目見得」――すなわち、将軍と直接会うことが許されているか否かにあった。

これに対し、諸大名の家臣は「陪臣」であり、石高が高くても旗本・御家人より格の低いものとみなされた。いわば「親会社の社員と子会社の社員」ともいうべき関係にあったわけだ。

江戸城における「詰所《つめしょ》」は、大名たちの「格」が最もはっきり現れた場所だった。これは式日《しきじつ》・祝日に大名たちが江戸城に登って拝謁する際の控室のことである。幕府はどの大名がどの詰所に入るかを家の格などによって細かく決めており、しかも同じ詰所の中でも位置によって序列を定めていた。

具体的な「詰所」の位置付けは以下のとおり。

・大廊下（御三家の詰所だが、場合によっては外様の前田家・島津家・蜂須賀家も）
・溜《たまり》の間（徳川一族や譜代の名門など）
・大広間（御三家の庶流や、伊達・島津・毛利などの外様の大大名）
・帝鑑《ていかん》の間（基本的には譜代大名だが、時には外様も）
・柳の間（外様で五万石程度の小大名が主）

・雁の間（譜代の大名たち）
・菊の間広縁《ひろえん》（譜代の小大名、時には外様も）
・無席（詰所のない大名たち）

大名たちにとってはこの控室の場所の違いが明確に「身分の差」と映ったことはいうまでもない。

また幕府が仲介して諸大名が獲得した官位は、幕府の典礼・儀式に参加する際の服装や乗物の種類に密接に関わっていたため、「格」の違いが明確に出た。

所領の大小も、もちろん大きく影響した。諸大名はそれぞれ、一国丸々（あるいはそれ以上）を所領とする「国持ち（国主）」および格式でそれに準じる「国持ち並」、所領内に城を持つ「城持ち（城主）」および格式でそれに準じる「城持ち並」、そして城のない「無城」に分類された。

大名の格付け②徳川将軍家との関係

徳川将軍家との関係性もまた、大きな要素になった。すなわち、「親藩」「譜代」「外様」の分類である。

これらの分類は一般に考えられているよりもかなり複雑で、しかも時に譜代から外様へ、外様から譜代へ、と移ることさえあった。

しかし、とりあえずは親藩＝徳川一族、譜代＝関ヶ原の戦い以前からの徳川家臣、外様＝関ヶ原の戦い以後に徳川家に臣従、と思っておけば大きく間違えることはない。ちなみに、譜代というのは「代々仕えてきたもの」、外様というのは「内側に参加しないもの（＝外）」の意味なので、幕府の重職に就いて内へと入った外様大名は譜代大名となるのである。

譜代・外様の分類における特殊な例をいくつか紹介しよう。

織田信長・豊臣秀吉のもとで活躍した仙石秀久を祖とする仙石家（信州上田藩→但馬《たじま》出石《いずし》藩）は、本来外様大名として扱われるべき経歴でありながら徳川家との親密さからか譜代大名として扱われ、しかし一六六九（寛文九）年には外様に移されている。

では、そのような本来外様であるはずの譜代大名は、のちにすべて正されたのかといえばそうでもなく、出羽国の国人の出である戸沢家（出羽新庄藩）は江戸時代の終わりまで譜代として扱われている。

どのような意図でこれらの例外が生まれたのかははっきりしないが、一般にイメージされるほどには譜代と外様間に大きな断絶があるわけではない、ということはわかっていただけるのではないだろうか。

また、五代将軍・徳川綱吉は平戸藩の松浦鎮信《しげのぶ》や筑前秋月藩の黒田長重《ながしげ》といった外様大名を幕府の要職に就かせるため、譜代扱いに引き上げたが、一時的なものにとどまった。

さらに別の例を見ると、大坂の陣で活躍した真田幸村（信繁）の兄・信之を初代とする真田家（松代藩）は徳川家との縁の深さからか譜代として扱われ、養子に入った幸貫《ゆきつら》（松平定信の子）などは老中も務めている。また、豊臣恩顧の大名として関ヶ原の戦いでは西軍につきながら東軍に寝返った中のひとりである脇坂安治（伊予大洲《おおず》藩→信濃飯田藩）などは、譜代の堀田家より養子を迎えてからは譜代となり、老中も何人か輩出した。

大名の格付け③官位

朝廷から賜る官位もその大名の「格」を表す大きな要素であった。とはいっても、江戸時代初期には武家の官位は公家のそれから完全に切り離されており、将軍を経由して与えられる完全な名誉職になっていた。

原則的にはまずどの大名でも従《じゅ》五位下の位と、○○守などの官職を与えられる。この後、家格によってはここから上の四位へと進むのだが、外様大名では近衛中将の官職を与えられるのは島津と伊達、従三位（老年になるまでは正《しょう》四位下）と参議になるのは前田家のみ、と限られた。これよりさらに上の官位である従二位・大納言や従三位・中納言となるのは御三家や御三卿といった徳川一族のみである。

これらの官位の与えられ方、進み方は家によっていくつかの先例があったが、必ずしもすべての大名家当主がその家にとっての最高位まで至れたわけではなく、先祖より低い官位で終わった大名も多かった。また、のちには幕閣の重要人物に賄賂を贈って便宜をはかってもらうのが当たり前になったのだが、外様大名がそれまでに例のない官位に至ろうとすると、譜代大名がその官位になるのに必要な運動費の五〜六倍かかったともいう。ただ、幕末の混乱期になるとこれらの制約もある程度撤廃されたようだ。

大名たちが官位に執着を抱いた例として、興味深いのが伊達重村である。既に述べたように、島津家と伊達家は外様大名の中でも前田家に次ぐ高い官位を与えられてきた家であり、伊達家には「島津家と匹敵する家柄」という自負があったが、実際にはやや島津家の方が上、という雰囲気があった。これには重村の祖父・吉村の頃より伊達家には不満があったようで、幕府に訴えているが、その時は却下されている。

重村は「島津家より先に中将になれるように」と熱心に運動を展開し、将軍側近として権力を拡大しつつあった田沼意次《おきつぐ》など幕閣や大奥へ働きかけるとともに、御手伝普請も積極的に行い、ついに悲願を達成することになったのである。

格の上昇に躍起になった大名たち

また、将軍の名前の一字をもらう「偏諱《へんき》」が許される家（御三家・越前松平家・国持ち大名、ただし藤堂家・佐竹家などは対象にならない）や、「松平」の称号を与えられる家（松平一族や徳川一族、徳川一族との血縁がある家、そして外様大名が特別な名誉として与えられる）などもあり、これも「格」を構成する大きな要素となった。

これらは別に徳川家が始めたことではなく、以前からあった習慣の一種であることを付記しておく。

また、他にも「移動に用いる乗輿の種類」とか「行列で乗る馬に虎革の覆いがかけられる」とか「表門に家紋を付けてよい」など、様々な形で大名たちには「格」の差があり、その一つ一つが名誉となったのである。

武士本来の役目である合戦のない太平の江戸時代、多くの大名が「格」を上昇させることに熱心になった。特に古来からの因縁がある家同士の格の違いは大きな問題となったようで、大名の暗殺未遂事件にまで発展してしまった例さえある。

譜代大名は「幕府での要職」という目標の方を重視したが、外様大名は江戸城の門の警備や大名火消しなどの一部の職を除いて、基本的にそれらの職から排除されていた。そのため、彼らは石高をより高く変更させ、あるいは官位を上昇させることで、自らの家の「格」を高め、たとえば江戸城内の詰所をよりよい場所に変えて名誉欲を満足させる道を選んだのである。

大名の肩にのしかかる参勤交代制度

「格」の問題に振り回されて多大の浪費を迫られたのは主に外様の大大名だったが、一方、大名のほぼすべてが大きな負担を背負い、頭痛の種としていたのが、大名が江戸と国元を一年交代で移動する参勤交代制度であった。

関ヶ原の合戦前後、諸大名は徳川家への臣従を示すため、江戸へ自主的に人質（証人）を送った。その後、幕府は証人制度として大名から一定の人質をとっていたのだが、大名たちによる反乱の可能性が薄くなってくると廃止された。

その一方で自発的に行われていた大名たちによる江戸への参勤や、江戸屋敷に妻子を置くなどの行為が家光の時代に制度化され、私たちの知る参勤交代制度となった。ちなみに、当初は外様大名のみの制度であったが、やがて譜代大名にも適用されるようになる。

一般に、外様大名は四月、親藩・譜代大名は六月が切り替わりの季節となっていたが、関東の諸大名は半年切り替えだったり、長崎警備などの特殊な役目がある場合や尾張・紀伊藩などの特別な地位にある藩の場合などは交代の時期が違ったり、そもそも常に江戸にいる水戸藩、あるいは老中などの要職を務めている大名などのように参勤交代自体が免除されている藩もあって、複雑な制度となっていた。

こうして完全な「根なし草」となった大名たちは、正室との間にまともな夫婦生活を送ることもできず（結果、国元に側室を置くことが容認された）、旅行などで自由に行動することもできず、様々な意味で強い束縛を受けることになった。

莫大な参勤交代の費用

何よりも大名たちにとって大きな問題となったのが、参勤交代にかかる費用であった。

そもそも、国元から江戸へ、あるいは江戸から国元への旅の費用が莫大なものであった。

たとえば加賀藩・前田家は二千五百人、薩摩藩・島津家は千二百四十人もの大行列で江戸と所領の間を移動したというから、相当の出費になったであろう。もちろん、これらは大大名の場合。より規模の小さい大名はそれなりの人数でよいことになっていた。にもかかわらず人数が少しずつ増加して財政が悪化する藩が続出し、幕府がこれをたびたび戒めている。大名たちの見栄が見え隠れするが、それで首を絞めているのだから世話はない。

さらに、江戸に屋敷を構えることも大名にとって大きな負担になった。江戸の大名屋敷（藩邸）はしばしば複数置かれ、それぞれ上屋敷（大名と家族の住居など）、中屋敷（先代藩主や成人した跡継ぎの住居など）、下屋敷（郊外に置かれた別荘）などと呼ばれた。場合によってはさらに下屋敷が複数にわたるケースもあった。これらの複数の屋敷を維持し、たびたび起こった「江戸の華」こと江戸の大火で焼けてしまった場合には再建も必要となり、莫大な出費となった。

特に上屋敷・中屋敷のそばには住宅や長屋なども置かれ、家臣はそこに住んで主人の生活を支え、また幕府その他との折衝・交際などを行った。現代でいうなら、地方を拠点とした企業の東京支社のようなものである。

大名不在の間、大名屋敷を統括するのは「留守居」という家老クラスの役職の家臣の仕事だった。しかし、後年になるとその役目のうち幕府や他藩との交渉は聞番《ききばん》・耳番《みみばん》などと呼ばれた専門の担当者に委譲され、やがて彼らこそが留守居と呼ばれるようになった。

この留守居たちは他藩の同じ役職の者たちとたびたび連絡を取って十人ぐらいずつの組合をつくっていた。幕府側もこの組合を認識していたようで、何かの連絡をする際は組合のうち二人ほどが呼び出されて伝えられ、組合の中で情報が回された。この組合はしばしば会合を行って情報を交換しており、それ自体は有用であったろうが、一方で徒党を組んで遊興にふける側面も強く、藩財政に悪影響を与えるほどに遊びつくした、という。

しかも、それを主人の大名がとがめて留守居が本国に戻された際などは、仲間の留守居たちが結託して後釜の留守居の邪魔をしたとか、老中が問題視した場合にその老中の家がのちになって留守居を置くようになった時には様々な形で妨害した（老中を務めている間、大名はずっと江戸にいるので留守居の必要がない）、とかいうのだからすさまじい。

江戸での滞在費および大名屋敷の維持費、そして国元との往復の旅費は確実に大名の財政状況を悪化させ、結果として幕府による大名統制手段として大いに機能することになった。

たとえば、紀伊藩・徳川家では、ある年の総収入が約三十四万三千両だったのに対して、参勤交代関連（江戸滞在と旅費）の出費が約三万四千両とその一割ほどだった。しかも、うち一万三千両はたった二十日間の旅費に消えたというのだからすさまじい。

また、ある年の庄内藩・酒井家では、国元でかかった支出が約五千両だったのに対し、江戸での支出は約三万両だったという。実に六倍である。

ここからもわかるように、参勤交代と江戸での生活にはとてつもない金額が必要だった。「移動中に旅費が足りなくなり、調達するためにしばらくその場に逗留するしかなくなった大名」あるいは「節約のために大名行列をつくらず、（普通は籠なのに）草鞋《わらじ》履きで国元に帰った大名」がいた一方で、「大名行列が道中で落とすお金が財政上大きな割合を占めていた藩」もあったという話が伝わっているが、実にもっともといえよう。それほどに大きな経済活動だったのである。

御手伝普請の変遷

参勤交代以外にも、幕府は様々な役目を大名たちに与えた。これは非常に名誉なこととして受け取られたが、経済的には大きな負担となった。多くの大名たちがそれに苦しんだことはいうまでもない。

本来、大名に課せられる役目として最も重いのは軍役——すなわち、一朝ことあれば石高に応じて割り当てられただけの軍勢をひきつれて出陣することであった。しかし実際には江戸時代にはほとんど合戦はなかった。出陣など、あっても百姓一揆の鎮圧や幕末の海防警備程度だったわけだ。

しかし、この軍役の一種として、幕府の行う普請（土木工事）・作事（建築）に労働力や資材などを負担する「御手伝普請」があった。

大名は豊臣政権の頃からこのような工事へ動員されており、江戸幕府もそれに倣《なら》った。江戸城の拡張工事に始まって伏見城・駿府《すんぷ》城・名古屋城・高田城といった徳川家のための城や、西国に対する防衛拠点としての彦根城・篠山《ささやま》城などの築城、さらには江戸市街地の拡張・整備などが、江戸時代初期に行われた主な御手伝普請である。

大名は石高に応じた人数を動員する義務を負わせられ、それを家臣団に分配した。家臣たちもまたそれぞれの知行高に応じて領民を人夫として動員し、現地に赴いた。

こうした工事は大名たちにとって大変な経済的負担であり、これを強いることによって幕府は反乱する力を削ごうとしたのだと考えられる。もちろん諸大名の側にも不満がたまったが、この頃にはすでに幕府の力は圧倒的であり、逆らうことはできなかった。

こうした当時の大名たちの気分を表すものとして、徳川義直（家康の子）の居城である名古屋城普請を巡るエピソードがある。この工事を命じられた福島正則が「大御所の息子の城まで手伝わなければならないのか」と愚痴をこぼすと、これを聞いた加藤清正が「いやなら国に帰って戦準備をしろ」と言った、という。清正にも少なからず不満はあったろうが、しかし拒否することは幕府と戦うことに他ならなかったのである。

薩摩藩の宝暦の工事

これが江戸中期になると性質が変わり、「ある地域の大名をまとめて動員する」という形から、「この家とこの家を動員する」という形になっていった。

内容自体も河川の堤防工事が主となり、大和川・利根川・多摩川・大井川などの工事が御手伝普請で行われた。この際、実際の工事は入札した町人によって行われ、大名は監督・警備の家臣を派遣するとともに、必要な資金を負担した。

特に有名なのが薩摩藩による宝暦の工事である。美濃・伊勢・尾張の国境付近を流れる木曾・揖斐《いび》・長良《ながら》の三川によってつくられた三角州ではしばしば水害が起きて、莫大な被害を出した。薩摩藩は一年以上をかけてこの水害対策の難工事をやり遂げたが、その間に監督を務めた旗本の強制や圧迫に耐えかねて自殺した藩士、あるいは病死した藩士は八十人余りとなり、惣奉行を務めた家老まで完成後に切腹して果てた。もちろん財政的なダメージも大きく、三十万両以上と推定される出費となった、この時の借金が後々まで薩摩藩を苦しめることになる。

この工事があまりにも悲惨であったためか、以後の工事は幕府が行うようになった。しかし、その費用は大名に課せられたため、御手伝普請が大名にとって負担であることは変わらなかったのである。

大名の結婚にまつわる諸問題

幕府による大名統制として、最後に「大名の結婚」を紹介しよう。

大名はどんな家から妻を迎えたのだろうか？ 基本的には同格かそれより上の大名であることがほとんどだったらしい。ただ、大大名であれば公家から妻を迎えるケースもあったようだ。

大名家同士の婚姻の仲介は旗本の先手組（江戸城の治安維持などを担当した者たち）によって行われた。各大名にはそれぞれ懇意の先手組がいて、彼らが婚姻の交渉に臨んだという。大名の婚姻はこのように何人もの人が間に入るために手続きが煩雑で、しかも多額の費用がかかり、大名の財政を著しく圧迫した。

もちろん、相手選びには大名自身の意思も働いていた。どの女性を選んだという意味ではなく、どの大名家を選ぶか、である。傾向としては、一度婚姻関係を結んだ後、繰り返しその家から妻を迎えることが多かったようだ。妻が連れてくる女中たちによって相手の状態がよくわかるから、色々都合もよかったのだろう。

また、鍋島家などは幕府に警戒されるのを避けてか「西国の大大名とは婚姻関係を結ぶべきではない」と考えていたようで、主に東国の大大名、あるいは御三家・譜代・公家などから妻を選んでいる。

私的な婚姻の禁止

また、武家諸法度には一時期を除いて「私的な婚姻」の禁止が明文化されている。

第一章で触れたように、婚姻政策によって他勢力とよしみを通じるのは、古今東西における勢力拡大の常套《じょうとう》手段である。そのため、かつて豊臣秀吉は支配下の諸大名が私的な婚姻関係を結ぶのを禁止した。その死後に家康は秀吉の命令を無視してこれを行ったわけだ。

武家諸法度自体が、「縁を結び、徒党を組むのは、謀略の始まりである」としているわけで、幕府としてはとにかく諸大名が婚姻を通じて同盟を結成し、謀反を起こすのを警戒していた。

しかし、平和な時代が続くにつれてこの点での警戒は薄れたようだ。代わって重視されたのが身分制度の維持であった。

たとえば、六代将軍・徳川家宣《いえのぶ》の時代の武家諸法度には、私婚の禁止と同時に「最近は持参金目当てで身分違いの相手と結婚するようなことが流行っているが、やめるように」とある。これはつまり、経済的に困窮する大名たちが持参金目当てに相手を選ぶことが増えた、ということに他ならない。これはもともと中・下級武士に見られた傾向だったが、時代が進むにつれて大名すらもそこまで困窮するようになったわけだ。先述したように、大名の婚姻には大量の出費が付きものだったことも無関係ではないだろう。

それでも、江戸時代のような封建社会において、身分秩序の崩壊はそのまま社会の崩壊につながりかねない。そのために幕府は「持参金目当ての婚姻禁止」とする法令を発したほどだ。

将軍家から妻など迎えるものでは……

このように、大名の婚姻は非常に面倒なものであったわけだが、その最たるものが徳川家から妻を迎える場合だ。

家康や秀忠は他から養女を迎えてまで諸大名と婚姻関係を結んだが、これはただ縁戚関係を成立させてよしみを通じるだけではなかった。姫と一緒に送りこまれる女中たちに逐一大名家内の情報を幕府へ流させる——スパイとしても活用したので、将軍の娘を妻に迎えた大名は、まったく気の休まることがなかったという。

養女を婚姻政策に用いる、あるいは婚姻をスパイ潜入の手段として行う、というのは実際のところ戦国時代からしばしば見られたことなのだが、これを徳川将軍家という絶対的な相手にやられた大名としてはたまったものではない。

特に江戸時代初期というのは様々な事情で改易が行われた時期である。大名としても心中には少なからず幕府への不満があったろうし、家中にも内紛の種があっておかしくない。それが妻の女中を通して幕府に知られれば……。

こうした大名たちの苦悩は、毛利輝元がその子の秀就《ひでなり》（妻は秀忠の養女）に与えた教訓に、よく表れている。

要約すると「妻やその女中に対しては分別を持って相対すること。少しでも彼女たちの気に食わないことがあったらすぐに将軍の耳に入り、一大事になってしまう。普段の気持ちで相対してはならず、むしろ相手が主人だと考えるように。こちらではいつもひやひやしている」といった内容で、年若い秀就がうっかり粗相をしないように、と強く戒めている。

幕府による治世が安定し始めた三代将軍・徳川家光の時代以降は、養女を取ってまで政略結婚をすることはほとんどなくなったが、それでもこのような「筒抜け」状態は変わらず、大名を大変苦しめた。

問題はまだあった。将軍家相手の婚姻は、普段以上に金がひどくかかるのである。祝儀を派手で壮大にしなくてはならないのはもちろんのこと、「御守殿」と呼ばれる住居をつくらねばならず（これは同時に、ここに入る妻の呼び名でもあった）、さらに女中や下男といった妻のお付きの者たちの切米（給料）も支払わなければならなかった。これが莫大なものであり、ただでさえ苦しい大名家の台所をさらに苦しめた。

たとえば、鍋島直正のもとに徳川家斉《いえなり》の娘が嫁いだ際には、大奥よりわざわざ御守殿の造営について細かく指示があり、「梯子《はしご》は黒塗りにしてから羅紗《らしゃ》で覆いなさい」と言われたので、家中のものは「どうせ覆うなら黒塗りの必要はあるまい」とひそかに言ったという。このくらい、ある種馬鹿馬鹿しいほどの華美さが要求されたのである。

もう一つ、喜劇にも似た話がある。伊達吉村の嫡男・宗村の妻は八代将軍・吉宗の養女・利根姫であった。宗村が年頃になると、吉村は「三年後には引退しようか」と考えたのだが、家臣に止められた。なぜかといえば、宗村を当主にすると利根姫が大名の妻になる。そのためには御守殿の造営など莫大な費用がかかる。ぎりぎりまで節約しても三年では八万両しか用意できないのに、その倍近い十五万両が必要だというのだ。結局、吉村が引退できたのは五年後のことであった。

大名たちの藩政改革

それでは、このような幕府による大名統制にさらされた大名たちは、どのように藩政を整え、生き残りを図っていったのであろうか。

ここからは視点を幕府から大名に移し、江戸時代の変遷を見つつ、その中での大名と藩政の動きを見ていくことにしよう。

織豊政権期から江戸時代初期にかけて、外様の大名たちは内と外に対してそれぞれ大きな問題を抱えていた。

外部に対しては、ここまでずっと見てきたように、次々と移り変わる情勢と、絶対的な強者として様々に圧力をかけてくる天下人の存在が最大の問題であった。隙を見せればいつ言いがかりを付けられて滅ぼされるかわからないのだから、とにかく必死だったはずだ。

一方、内に対しては、独自の発言力と既得権益を抱えている有力武士の存在が問題だった。そこで諸大名は知行制度を変更していくことで支配体制を確立する道を選んだ。

旧来の知行制度は「地方知行」といい、知行を土地という形で与え、家臣がそこで収穫された米を収入として得る方式だった。これを「蔵米知行」「俸禄制度」という、土地はすべて藩のものとし、一度藩の蔵に入った米を家臣たちに配る方式にしたのだ。

つまり、「この土地から得られた米が自分のもの」という制度が、「決まった量の米を藩からもらう」制度に変わったわけだ。これによって第一章でも触れた「武士と土地の切り離し」が加速した。大名といえどもその意向を無視できなかった有力武士、一門衆たちが、土地から切り離され、実力によって大名の支配をひっくり返す力を失い、ただ片務的な忠義心を示す近世武士へと変わっていくこととなったのである。

有力家臣の力を削ぐ──「一国一城令」と「御一門払い」

さて、有力家臣団・一門衆をあくまで大名に従う家臣とする際に効果を発揮したのが、幕府による一国一城令であった。これは一国につき城は一つ（一国に複数の大名がいる場合は各大名ごとに一つ）とするもので、その結果、一部の例外（要害という形で城に準じるものが残った伊達家、旧来の城の多くがそのまま残った島津家など）を除いて自然と「城は大名の居城一つ」となった。

これにより、それまでは自分の城を持っていた有力家臣団・一門衆が、その拠点である城を失って、大名の居城に出仕する家臣となったのだ。ここで起きたことは、かつて農地にいた武士たち、国人衆などが城下町に集められた時のこととよく似ている。独自の地盤を失った彼らは「いざとなれば兵を集めて反乱を起こす」というカードを失い、大名に対して反撥することが難しくなった。かくして、大名はさらに権力を自らのもとへ集中させていったわけだ。

また、別の形で一門衆の力を奪い、大名の権力を強化した家として、肥前国大村藩・大村家がある。この家は戦国時代より大貿易都市・長崎を領有し、その富によって大いに潤っていた。しかし中央政権に服従する過程で長崎を失い、これに代わる財源を必要としていた。

そこで大村喜前《よしあき》の息子、純頼《すみより》の発案で実行したのが、約二万七千九百石の所領のうち約八千石を占める大村一族十五家の所領を強引に没収することであった。これを「御一門払い」という。この処置によって大村家の力は飛躍的に高まり、一門衆の発言力は弱まって、近世大名的な大名・家臣の力の構造がつくられることとなったのである。

家臣の分裂を抑えられず、大名から転落した最上家

しかし、それでも江戸時代初期には家臣団との軋轢《あつれき》の末に混乱が生じ、幕府の介入を招くような家もあった。黒田家（→P180）、鍋島家（→P175）、伊達家（→P88）などが有名な例なのだが、この三家は御家騒動を起こしながらもどうにか家を存続させている。

悲劇の家となったのが、東北の雄として戦国時代に名をはせた最上家だ。この家は江戸時代初期のトラブルの末に、ついには大名ではいられなくなってしまったのだ。

最上家を躍進させた最上義光《よしあき》は、伊達政宗の叔父にあたる人物で、内乱の続く最上家をまとめると、たびたび甥の政宗と戦いながら勢力を広げていった。関ヶ原の戦いでは東軍に与し、西軍の上杉勢による攻撃にさらされながらもよく守りきり、戦後には山形藩五十

七万石の大大名にまでなったのである。

ところが、二代目の家親《いえちか》が三十六歳の若さで変死（毒殺とも）してしまったせいで、その子の義俊が弱冠十三歳で跡を継ぐことになった。しかも、山形藩では兵農分離が不徹底で、家臣団の近世的武士への転換が上手くいかなかったため、内紛の可能性が強く残っていた。

幕府にとっても警戒すべき対象であったらしく、なんと老中の連署による七ヶ条の命令が下され、幕府による直接の監督が行われた。これは非常に異例のことである。

にもかかわらず、義俊は藩政をまとめることができず、酒色におぼれた。結果、山形藩内は義俊を擁護する者と、彼を藩主から引きずり降ろそうとする者に分かれ、激しい対立が起きた。

その後、擁護派が幕府に訴えて老中による取り調べが行われ、裁定が下されたが、「とりあえず所領を没収して六万石とするが、家臣団がきちんと一致団結して義俊を補佐するならば、彼の成人後に所領を元に戻す」という極めて温情的なものだった。これは、義光が関ヶ原の戦いにおいて上杉軍を抑えるなど、幕府にとって重要な役割を果たしたことを認めてのものである。

ところが、義俊を引きずり降ろそうとしていたグループが和解を拒否したため、ついに最上家は一万石の大名となってしまった。四代目の頃にはさらに半分の五千石となり、やがて交代寄合（参勤交代の義務を負った旗本）となって、幕末まで続くこととなる。

安定した社会システムと積み重なる借金

時代が進む中で藩財政の赤字は慢性化していった。既に述べたように、幕府による大名統制が多大な財政負担を強いたため、これはある程度仕方がないものといえる。

これに対して、諸大名は倹約の励行や家臣の知行・俸禄を減らすなど、支出の削減に努めた。特に有名なのが「借上」で、これは知行・俸禄の一部を「藩が借りる」という形で一時的に支給停止したり、商人に与えた免税特権を一時的に停止したりするものだ。一時的とはなっているが、実際には毎年継続されて知行の削減につながっているケースも多く、家臣団の恨みを買う結果になったようだ。

他にも、藩財政を助ける要因はあった。商工業や農業生産が発展したことによって収入が増加した。また、もともと領内の貨幣不足を補うために発行していた独自の紙幣「藩札（後代の呼び名。当時は「藩」とは呼ばなかったので、幕府の発行する貨幣と対応する金札・銀札・銭札などの言葉で呼んだ）」の存在も、藩財政の窮乏を助けた。

しかし、結局は豪商たちから多額の借金を重ねることになり、さらなる困窮へとつながっていくことになる。

江戸時代後期の財政改革

時代がさらに進み、十八世紀に入ると、幕政では八代将軍・吉宗による享保の改革や、それを手本にした老中・松平定信の寛政の改革などが行われ、大名たちも江戸時代初期とは違う形での藩政改革の必要に迫られることになる。

その背景となったのは、貨幣経済の発達と浸透であった。これによって農村は商品作物の生産や家内工業によって一部に富が蓄積されていったものの、一方で自給自足の経済システムが崩壊することになり、富むものと富まざるものがくっきりと分かれていくことになる。

これは享保の改革で実質的な年貢増徴策がとられた（豊作の年も凶作の年も年貢率が変わらない、など）ことによってさらに進んだ。結果として、貧しい百姓から借金のカタとして得た広大な農地を小作人に貸す豪農が出現する一方で、土地を失って彼らのもとで小作人として働いたり、あるいは都市に出て生活の道を探さざるを得なくなる貧しい人々もまた現れたのである。

これに加えて、天候不順や火山の噴火などの災害が頻発したため、たびたび大規模な飢饉まで起こってしまい、百姓はさらに農村を離れていく。農村の崩壊である。これが年貢収入の減少にもつながってしまった。このような中でしばしば農村部では大規模な百姓一揆が起き、都市部では打ちこわしが起きて、藩政が脅かされた。

そこで、幕府が改革を進めたように、諸藩でも藩主が自ら改革の先頭に立つ形で藩政改革が断行されるようになる。その中で、後世に「名君」と讃えられるような優れた藩主も現れた。米沢藩主・上杉鷹山《ようざん》（治憲《はるのり》）や、熊本藩主・細川重賢《しげかた》、秋田藩主・佐竹義和《よしまさ》などがその代表例である。

彼らは藩校の設置や人材の登用によって強力な政治体制を作り上げた。また、不正役人の粛清や代官の現地駐在制など地方支配体制の再編と強化によって農村の動揺を抑え、荒廃した田畑の再開拓・崩壊した農村の復興によって農業生産力を復活させた。

財政問題に対しては、儀式の簡略化や衣服・食事、さらには人件費などの出費をなるべく軽減する徹底した倹約による緊縮体制で支出を抑え、また収入を増加させるために産業を保護・育成する殖産興業政策をとった。具体的には、商品作物に代表される特産物生産(砂糖、塩、木綿、漆《うるし》、和紙、蠟《ろう》などが代表的)を奨励した上でその販売を藩および藩が認めた商人に独占させ、利益を得る専売制度の実施である。

これらの改革は幕末期にも継承され、一定の効果をあげている。

幕末期、さらなる改革へ

時代が幕末期に入ると、大名たちを巡る事情もさらに大きく変わっていく。以前からあった農業問題・財政問題の悪化に加え、イギリス・ロシア・アメリカなどの諸外国が開国を求めて圧力をかける外圧問題が起きることによって、幕藩体制そのものの動揺が進んだからだ。

さて、幕府において老中・水野忠邦の天保の改革が実行されていたのと同じ頃、やはり諸藩でも様々な改革が行われていた(これに先立つ文化・文政年間にも行われていた)。天保の改革は保守派の反発が強く、また行き過ぎた倹約が大衆に不人気だったこともあり、実質的には失敗に終わった。その一方、諸藩では特に薩摩・長州など西国の外様大名を中心に改革を成功させて大きな力を持つようになった「雄藩」が現れ、幕藩体制の枠組みを越えて独自の動きを見せるようになっていく。他方、東北諸藩には改革の動きが乏しい。

この時期の改革を主導したのは、優秀な藩主あるいは重臣と、彼らによって取り立てられた人材であり、その中には中〜下級武士出身者も珍しくなかった。たとえば天保期に薩摩藩の改革を進めた調所広郷《ずしょひろさと》と、長州藩の改革を進めた村田清風《せいふう》はともに下級武士出身で、それが藩主による抜擢によって改革の主導権を与えられたものである。のちに雄藩の代表格となる両藩が、それぞれ下級武士による改革で力を蓄えた、というところが、封建社会の衰退を象徴しているかのように思えてならない。

さて、改革の性質については、実は東国と西国で少なからず違いが見られた。東においては以前から行われていた藩政改革の手法が継承され、荒廃した田畑の復興・農村の再生といった農業方面重視の政策が行われた。その代表例が相馬・小田原・烏山・谷田部・下館などの諸藩で行われた報徳仕法（尊徳仕法）――「二宮金次郎」こと二宮尊徳の改革手法である。

これに対して、西南諸藩は殖産興業政策をさらに進めていく。この頃に民間で興っていた、賃金労働者が集まって分業による生産を行う工業生産、いわゆるマニュファクチュア（工場制手工業）を藩主導で行う藩政工場の創設や、特産物の専売・交易をさらに推進するなど、近代化する経済の波に乗るような動きを見せたのだ。

その他、軍事面の改革も熱心に行われ、ヨーロッパ式の武器や軍制などが導入された。また、藩が抱えていた借金の猶予を強要するなどの商人抑圧方針や、藩庁や藩校の改革による人材面・システム面での向上、財政危機を解決するための金融緊張政策や新たな財源の確保などが特徴として挙げられる。

動乱の中で政治に参加する大名たち

もちろんこれらの改革がすべてのケースで成功したわけではなく、たとえば中小藩などでは商人・豪農らが藩政への影響力を強めてしまう例などもあった。しかし、改革を成功させて主体性を確立しえた雄藩は、幕府が諸問題に揺れる中で独自の方向性を模索するようになり、また幕政にも積極的に関与するようになった。かつて生き残りのために幕府への恭順姿勢を貫いた大名たちが、二百年の沈黙の末に動き出したのである。

これは外様大名たちが長きにわたって幕府の要職から締め出されていたことから考えると非常に画期的なことであり、また保守派からすると非常に危険なこととも映り、大きな衝突も起きた。十二代将軍・徳川家慶《いえよし》の後継者を巡る政争では外様大名を中心とする派閥と譜代大名を中心とする派閥が対立し、また開国・貿易を巡る問題にも雄藩が盛んに口を出した。

そして時代は動乱の幕末へと突入し、諸藩・諸大名はそれぞれに生き残りを図っていくこととなったのである。

第二部

外様大名40家の江戸２５０年

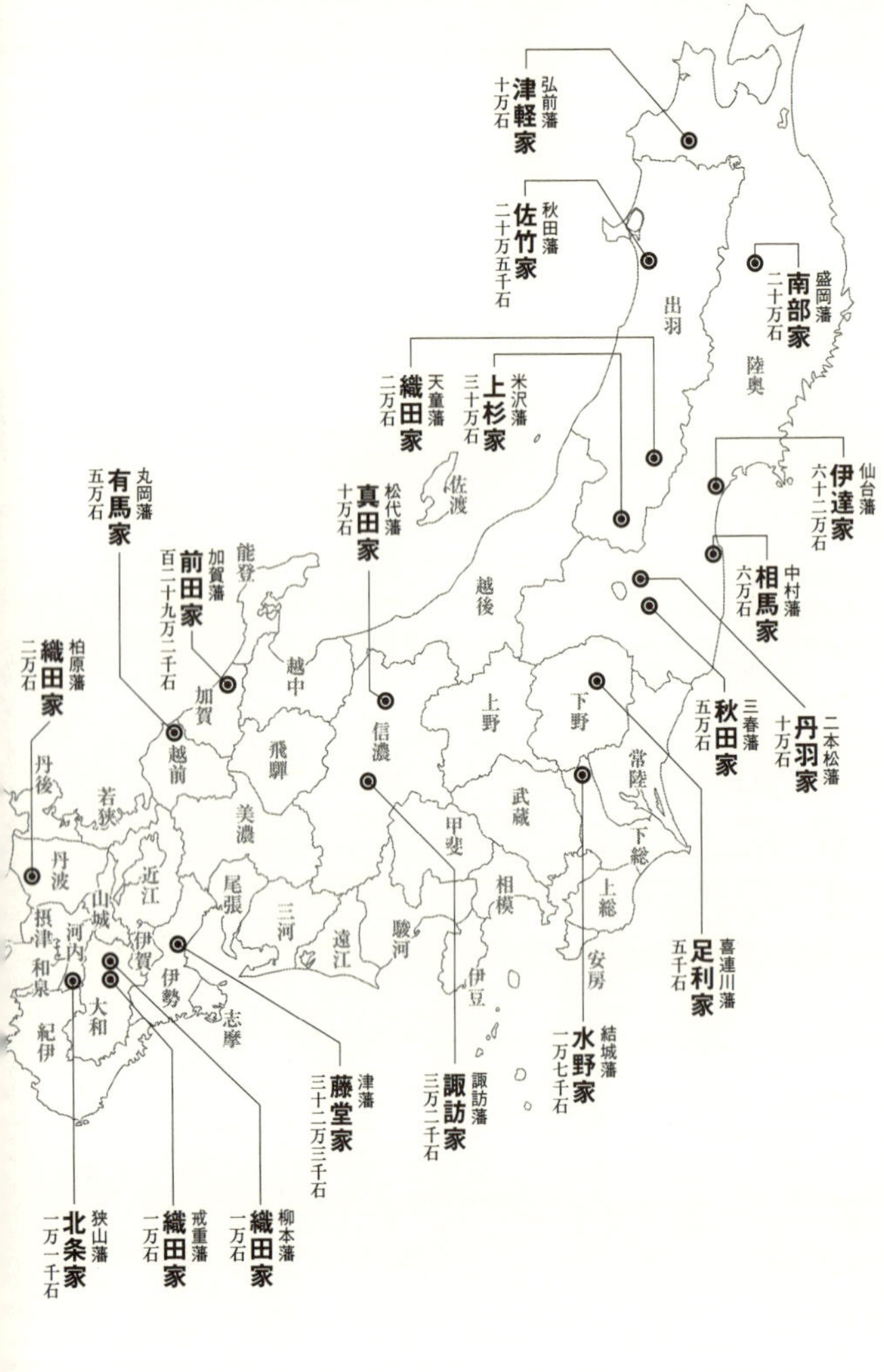
弘前藩
津軽家
十万石
秋田藩
佐竹家
二十万五千石
盛岡藩
南部家
二十万石
天童藩
織田家
二万石
米沢藩
上杉家
三十万石
仙台藩
伊達家
六十二万石
中村藩
相馬家
六万石
丸岡藩
有馬家
五万石
松代藩
真田家
十万石
加賀藩
前田家
百二十九万二千石
柏原藩
織田家
二万石
三春藩
秋田家
五万石
二本松藩
丹羽家
十万石
喜連川藩
足利家
五千石
結城藩
水野家
一万七千石
諏訪藩
諏訪家
三万二千石
津藩
藤堂家
三十二万三千石
柳本藩
織田家
一万石
戒重藩
織田家
一万石
狭山藩
北条家
一万一千石
出羽
陸奥
佐渡
越後
能登
越中
加賀
越前
飛騨
信濃
上野
下野
常陸
武蔵
下総
上総
安房
甲斐
相模
伊豆
駿河
遠江
三河
尾張
美濃
近江
伊賀
伊勢
志摩
若狭
丹後
丹波
山城
摂津
河内
和泉
大和
紀伊

●主な外様大名の分布図

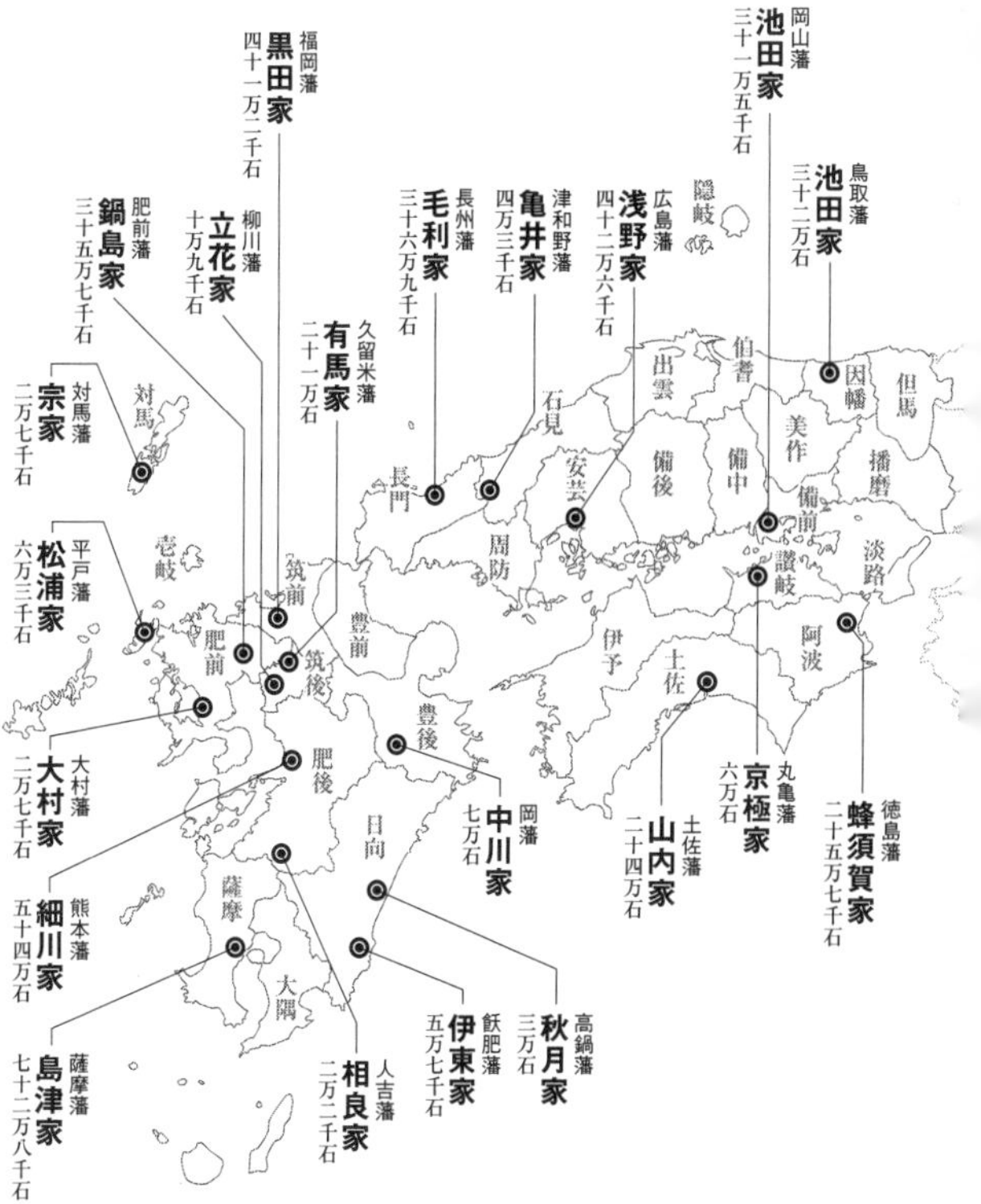
岡山藩
池田家
三十一万五千石
鳥取藩
池田家
三十二万石
広島藩
浅野家
四十二万六千石
津和野藩
亀井家
四万三千石
長州藩
毛利家
三十六万九千石
久留米藩
有馬家
二十一万石
福岡藩
黒田家
四十一万二千石
柳川藩
立花家
十万九千石
肥前藩
鍋島家
三十五万七千石
対馬藩
宗家
二万七千石
平戸藩
松浦家
六万三千石
大村藩
大村家
二万七千石
熊本藩
細川家
五十四万石
薩摩藩
島津家
七十二万八千石
人吉藩
相良家
二万二千石
飫肥藩
伊東家
五万七千石
高鍋藩
秋月家
三万石
岡藩
中川家
七万石
土佐藩
山内家
二十四万石
丸亀藩
京極家
六万石
徳島藩
蜂須賀家
二十五万七千石
隠岐
伯耆
出雲
石見
因幡
但馬
美作
備後
備中
安芸
長門
周防
備前
播磨
讃岐
淡路
阿波
伊予
土佐
対馬
壱岐
筑前
豊前
肥前
筑後
豊後
肥後
日向
薩摩
大隅

武士と大名の立場を総論で紹介した第一部に続いて、この第二部ではそれぞれの大名たちの事情について具体的に各論で迫っていきたい。

大名たちはどのような起源を持ち、どのように江戸時代へ入り、その中でどんな形で改革・生き残りを図ったのか？　そして、江戸時代の終わりに際してはどのような対応を見せたのか？

ここで紹介する大名家は原則として「十万石以上」あるいは「古くからの血筋」の「外様大名」に絞った。これは古い家柄は一門と譜代家臣問題があるから、生き残りに色々工夫が必要になること、また譜代大名は事情が特殊で生き残り術とあまり関係がなく、そもそも国替えが頻繁で扱いが煩雑になることからだ。一部に例外があるが、それは紹介する価値がある、と考えたためである。

陸奥国弘前藩・津軽家

血筋の源流を藤原氏に求めるが信憑性は低い。

大浦城に拠った南部一族の大浦為信が戦国時代末期の動乱の中で南部本家の支配より独立して津軽地方を平定し、豊臣秀吉とよしみを通じてその所領を安堵され、「津軽」と名のった、とするのが通説である。

こうした経緯から津軽・南部の両家は犬猿の仲であり、のちのちに騒動の種にもなった。津軽家は「我が家の源流は藤原氏に遡るもので、南部一族ではない」として否定しているが、信憑性は低いようだ。

為信は関ヶ原の戦いで東軍側について大垣城包囲軍に参加し、その功績で上野国大舘に二千石を加増され、津軽の旧領と合わせて四万七千石の大名となった。

二代・信枚《のぶひら》が家督を継承するにあたっては、早世した兄の子を擁立する勢力との間に御家騒動が起きたが、幕府の介入によって落着。この事件を通して反対派を排除した藩主の権力が強化され、政治地盤が確立された。

信枚の時代には様々なアクシデントがあった。信枚と重臣・高坂蔵人が小姓を巡って争った末に内乱めいた事件にまで発展したし、飢饉や転封問題なども起きて幕府との関係が悪化した。信枚の側室が実は石田三成の娘で、彼女の産んだ子が跡取りになっていることもその背景としてあったのかもしれない。

結局、信枚の正室・満天姫《まてひめ》(家康の異父弟の娘で、養女でもある)らの取りなしによって大きな事態にまでは発展しなかったのだが、彼女は彼女で悲劇的な伝説を持っている。

満天姫はもともと福島正則の息子・正之と結婚していたが、夫が父と対立し幽閉されて死んでしまった。その後、津軽家へ改めて嫁に来て、正之との間に生まれた息子は養子に出したのだが、長じた彼はこの頃断絶していた福島家復興を志すようになった。これが津軽家に悪影響を及ぼすことを恐れた満天姫は、自らの手で息子を毒殺した、というのだ。

また、信枚の二代後である四代・信政は名君として名高い。

約十万二千石だった実質の石高を新田開発によって約二十九万六千石にまで引き上げたことを始めとして、養蚕・製糸・織物・紙・塗り物といった産業の発展にも力を入れ、学者や技術者を招いて文化面の向上も図るなど、大きな功績を残した。ただ、治世の後半期には凶作が続き、藩士一千人の大リストラを断行するまでに追いつめられるなど、影が射したのもまた事実である。

弘前藩は江戸時代を通してたびたび冷害・地震・津波・洪水といった天災に見舞われ、経済的に追いつめられることも多かった。これに対して、八代・信明や九代・寧親《やすちか》の頃には武士土着――荒廃していた農村を、藩士が戦国時代以前のように半農半武士化することによって復興させようとしたが、時代に逆行するような政策であったせいか、大きな効果はあげられなかったようだ。

さらに寛政年間になるとロシア使節ラックスマンが根室に来航するなど対外問題が盛り上がり、その中で弘前藩も因縁の南部藩とともに北方警備に携わることになった。兵の増強や台場（砲台）の築造などでさらなる出費を余儀なくされたが、この際の功績を評価され、石高を最初七万石に、のちに十万石に、と高直しを受けている。

これは別に所領を増やしたわけではなく、単に見かけの石高を増やすことで軍役のノルマを増やしただけなのだが、ともかく家の「格」は上がった。さらに分家にあたる交代寄合の黒石津軽家（信枚の八男の血筋）も一万石の大名となり、黒石藩が生まれている。

この件が遠因となって発生したのが、有名な「相馬大作事件」である。先述したように北方警備に携わった弘前藩は高直しを受けたのだが、これは南部藩も同じこと。その上で官位の上昇もあり、従四位下であった南部家当主・利敬《としたか》に侍従の官職が与えられ、津軽家当主・寧親は従四位下となった。ところがそれからしばらくして、利敬が病没してしまう。その原因は、寧親に「さらに昇進する」という噂があり、それを聞いた利敬が「かつて部下であった津軽家と同格になるのは残念だ」と気鬱《きうつ》の病を患ったせいだ、というのである。

しかも実際、利敬の死からしばらくして寧親は侍従となり、一方で利敬の跡を継いだ吉次郎（利用《としもち》）はその時点で無位無官――つまり、「南部家は津軽家に大きな差をつけられてしまった！」というわけである。

これに憤ったのが相馬大作、本名を下斗米《しもどまい》秀之進という男であった。元は南部家の給人の家の出で、江戸で兵法・武術を学び、藩に戻ってからは私塾を開いていたのだが、「今こそ代々の恩を返すべし」と、仲間を集めて寧親の襲撃をたくらんだ。

結局、この事件は未遂で終わった。寧親が江戸から帰国する道中を待ち伏せ、遺恨を述べても屈服しなければ撃ち殺すべしと意気込んだのだが、密告によってこれを知った寧親は迂回して大作らの襲撃をかわしたのである。

大作は捕らえられて獄門となったが、南部家に直接仕えたことはなかったのでそちらへは罪は及ばなかった。一方、世評では襲撃を恐れて道を変えた寧親が嘲笑われて庶民からの評判は大いに下落し、白昼堂々と亡君の仇討ちに挑んだ大作を義士として称賛した、という。

幕末の動乱期には、熊本藩・細川家から養子に入った十二代・承昭《つぐあきら》が活躍した。戊辰戦争では、当初奥羽越列藩同盟に参加したものの、京都から入った情報をもとに方針を転換。

同盟を離脱し、新政府に味方して旧幕府派勢力と戦うことになった。南部家との確執から野辺地《のへじ》戦争を起こして盛岡藩に攻め込んだほか、東北戦争・箱館戦争で戦い、新政府よりその功績を評価されることとなった。

陸奥国弘前藩・津軽家

初代 **津軽為信**（1550～1607）
二代 **信枚**（1586～1631）＝ **満天姫**（徳川家康養女）
四代 **信政**（1646～1710）
八代 **信明**（1762～1791）
九代 **寧親**（1765～1833）
十二代 **承昭**（1840～1916）

陸奥国盛岡藩・南部家

南部家は清和源氏の新羅三郎義光を遠い祖先とし、その末裔の加賀美光行が甲斐国南巨摩郡南部郷の地頭になり、この地の名前を名のるようになったというが、このあたりの事情ははっきりしない。

源頼朝に仕えていた光行は、奥州で勢力を誇った藤原氏の征伐に参加して功績をあげ、陸奥国糠部《ぬかのべ》郡を所領とした。彼には六人の子供がおり、南部一族はそれぞれを祖とする家に分かれ、たびたび争った。戦国時代には宗家である三戸《さんのへ》南部家が戦国大名として活躍し、特に南部晴政は積極的に勢力拡大を進めた。しかし、養子として信直を迎えた後に実子が生まれ、両者の間に家督争いが発生してしまった。結局、晴政とその子が相次いで没したため、信直が家督を継承した。

陸奥北部に大きな勢力を誇る南部家ではあったが、九戸《くのへ》家・大浦家など同じ一族内で独立の機運を見せる者が多く、信直はこれを抑えるために各地へ出兵し、また豊臣秀吉とも自ら接触、臣従の姿勢を見せて九戸・大浦の反乱を訴えた。

しかし、のちに弘前藩・津軽家の祖となる大浦為信が先に秀吉と接触していたため、大浦家（津軽家）の独立を許すことになった。一方、九戸政実は挙兵して南部家を苦しめたが、信直は豊臣政権からの援軍を頼り、これを鎮圧している。南部家は最終的に、十万石の大名として江戸時代を迎えている。

三代・重直は居城として盛岡城を築き、また検地や街並みの整備、藩庁機構の整理など統治システムの確立を積極的に行った人物だが、改革の人の悪性として大変にエキセントリックで、特に人事面でトラブルが多かった。旧来の家臣を次々と解雇し、しかもその手法が「目を閉じて筆を取り、名前に墨が引かれた家臣を解雇する」などの乱暴きわまるものであったため、家臣団どころか幕府からも非難をうけるに至った。

しかもこの重直は、後継者を決めずに没したため（一説には、自分の気に食わない相手が継ぐくらいなら家を潰すつもりだった、ともいう）、南部家は断絶するところであった。

しかし、幕府の温情により盛岡藩は重直の弟・重信を迎えて八万石として存続（のちに十万石に復帰）、さらにもう一人の弟・直房に二万石が新規に与えられ、これが八戸藩南部家となった。また、重信の次男・政信は旗本となり、やがて四代あとの信鄰《のぶちか》の時に七戸藩南部家として一万一千石の大名となっている。

盛岡藩は江戸時代を通じてたびたび天災に襲われ、飢えた者が餓死者の死肉を喰うような事態にも発展して、深刻な財政危機や大規模な一揆を招いた。五代・行信の時代には参勤交代を免除されたほどである。その後、十一代・利敬の代に蝦夷地警備に動員され、さらに二十万石への高直しをうけたために負担は倍増し、財政は悪化の一途をたどった。

また、十三代・利済《としただ》は家臣と議論することを好んだが、意見が合うものばかりを身近に置き、そうでないものは排斥したため、優れた人材を多数失ったばかりでなく、家中に派閥をつくってしまった。しかも利済はうちつづく財政危機に対処するために重税を課したので、大規模な農民一揆が巻き起こった。これが幕府の介入を招き、藩主の座を降りることになった。

ところが、利済は十四代となった嫡男・利義《としとも》が藩政改革に着手するとこれを無理やり隠居させ、代わりに三男・利剛《としひさ》を立てた。しかし、再び起きた一揆が最終的に二万五千人にも及ぶ規模に発展し、藩が一揆側の要望を呑むことでどうにか終結する大事件が起きた。そしてついに幕府の介入によって利済は実権を奪われる。

その後、藩政を掌握した利剛は家老・楢山佐渡らを登用し、藩政改革に従事させた。

また、幕末の動乱には京都の守護や第二次長州征伐の際の江戸留守居などを務めている。

戊辰戦争においては楢山佐渡が藩論を主導して奥羽越列藩同盟に参加した。近隣の秋田（久保田）藩が同盟を離れて新政府側に付くと楢山佐渡自らが兵を率いてこれを攻めたが、新政府側の大軍の前に力尽き、ついに降伏することになった。

　領地は一時没収されたものの、数ヶ月後に利剛の嫡男である利恭《としゆき》が十三万石と減りはしたが家督とともに継承した。その後、利恭は一時的に陸奥国白石藩に移らされたが、七十万両の献金と引き換えに盛岡藩へ復帰、さらに他藩に先駆ける形で知藩事の職を退いた。

陸奥国盛岡藩・南部家

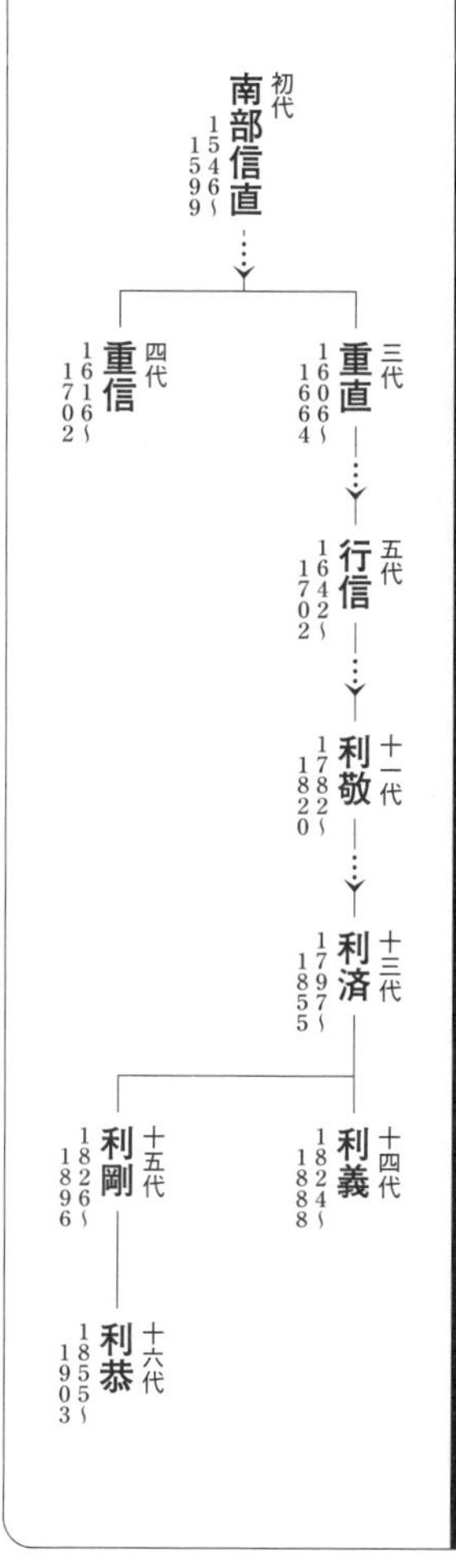

陸奥国三春藩・秋田家

陸奥に勢力を誇った俘囚《ふしゅう》（朝廷に臣従した蝦夷）の豪族・安倍貞任《さだとう》の末裔である安東氏が、一度は二系統に分かれるも戦国時代になって合流、秋田氏を名乗った。やがて秋田実《さね》季《すえ》が出て周辺豪族と渡り合い、豊臣秀吉より出羽国の檜山・秋田の両郡に五万二千四百石を与えられた。のち、検地で十九万石に高上げされている。実季は関ヶ原の戦いでは東軍に付いたものの、常陸国の宍戸五万石に移されてしまった。さらに実季とその子・俊季《としすえ》が幕府に対する意見の不一致から不和を生じ、幕府の介入を受けて俊季に家督が譲られた。俊季は陸奥国田村郡三春五万五千石へ加増・転封となり、三春藩・秋田家が定着した。

この地域は優秀な馬の産地であり、また代々の大名が馬の育成・種の改良に熱心で、参勤交代のたびに将軍へ馬を献上したなどということもあり、「三春駒」は大きなブランドになった。これを評価されてか、四代・輝季《てるすえ》の頃には譜代大名格として扱われるようになっている。このほか、特産品としては八代・倩季《よしすえ》が江戸からきた人形師に歌舞伎や浮世絵といった風俗を取り入れてつくらせた「三春人形」が知られる。こちらは農閑期の副業だったらしい。

また、阿武隈山地の西側のため、耕作に向いた土地とそうでない土地の差が激しく、一定期間で土地を取りかえる割換え制度なども行われた。しかし、たびたびの天災で農民の生活は困窮した。この結果として農民たちは一揆を起こし、特に寛延年間の一揆は領内を覆って藩政最大の一揆となってしまった。

そのため、寛政期・天保期には藩政改革・財政健全化を目指して奔走するが、天保には大凶作もあって、なかなか思うようにはいかなかったようだ。

戊辰戦争においては奥羽越列藩同盟に参加するも、その一方で新政府側の重要人物である岩倉具視に接触。新政府軍有利を見て同盟を抜け、独自に降伏してしまった。

陸奥国三春藩・秋田家

初代（宍戸藩）**秋田実季**（1576～1660）―― 二代（三春藩）**俊季**（1598～1649）…→ 四代 **輝季**（1649～1720）…→ 八代 **倩季**（1751～1813）

陸奥国仙台藩・伊達家

伊達氏は藤原氏の流れを汲む一族であり、源頼朝の奥州征伐で戦功をあげたことから、伊佐もしくは中村朝宗《ともむね》と名のっていた開祖が陸奥国伊達郡を与えられ、以後この名を称するようになった。ちなみに、古くは「伊達」を「いだて」と呼んでいたようだ。

戦国時代にはたびたび勢力を伸ばしたが、内乱も続いてなかなか陸奥を制覇するには至らなかった。しかし、若くして家督を継承した伊達政宗が蘆名《あしな》・佐竹・最上といった周辺勢力とはげしく争い、豊臣秀吉や徳川家康といった中央勢力とも外交で渡り合った。

たとえば、政宗の庶長子・秀宗は豊臣秀吉の猶子となっていた時期があり、「秀」の一字をもらっている。これは豊臣政権に接近するための一手であったが、江戸幕府が天下を支配するようになると、政宗は幕府の目を遠慮して家を次男の忠宗に継承した。このような細かい気遣いに、政宗の政治センスと、当時の情勢を慮ることができる。ただ、秀宗は大坂の陣での活躍から伊予に所領を与えられ、初代宇和島藩主となっている。同じような状況に置かれて廃嫡・軟禁状態となった者たちに比べれば恵まれている、といえよう。

これらの駆け引きの結果として、伊達家は伊達・信夫《しのぶ》といった本領より移封されて、秀吉に取り潰された葛西・大崎家の旧領を中心に六十二万石の大名として江戸時代を迎えた。また、青葉山に城と城下町を築き、名を仙台と改めて以後そこが藩の中心となる。

江戸時代初期の伊達家では、御家騒動の代表格ともいわれる伊達騒動が巻き起こっている。山本周五郎の『樅《もみ》ノ木は残った』の題材にもなった事件である。

事件はまず、三代・伊達綱宗が放蕩三昧の末に幕府の命で隠居させられたところから始まる。代わって当主となった息子の綱村は弱冠二歳で政治など行えるはずもなく、実権をにぎったのは後見人の伊達宗勝（政宗の十男）であった。重臣の原田宗輔を味方に付けた宗勝は反対派を弾圧し、藩政を私物化した。

これに対して反対派が幕閣に訴えたため、時の大老・酒井忠清の屋敷に関係者が呼び出されて取り調べが行われることになった。ところが、そこで突如として宗輔が刃を振り回し、反対派を惨殺してしまった。結局、宗勝は土佐藩・山内家預かりとなり、原田家は断絶。しかし綱村はまだ幼少ということで、仙台藩が処分を受けることはなかった。

通説では宗勝を「御家乗っ取りを狙った大悪人」と見るが、その一方で「中央集権を目指した改革派である宗勝は、既得権益を奪われることを恐れた一門衆・譜代家臣団との暗闘に敗れたのではないか」と見る向きもある。もし後者の説が正しいのなら、この伊達騒動もまたパラダイムの転換期に起きた軋《きし》みの一つと考えることができる。

仙台藩の実高は百万石とも百五十万石ともいわれるほどに大きかったが、地方知行の割合が高く、給地が膨大な量に及んだこともあって財政は決して豊かではなかった。

五代・吉村の代に厳格な倹約政策と積極的な藩政改革を打ち出した。特に、藩内で産出される銅を用いて寛永通宝（当時の貨幣）を鋳銭、藩内や江戸で売る事業は十四年間にわたって大きな利益を出し、農民から余剰米を強制的に買い上げて江戸で売る（前渡しで代金を支払うことで、農民も潤って生産力が上がる）事業も大成功した。このため、吉村は江戸時代中期を代表する名君の一人と数えられる。

しかし、その後の藩主たちは度重なる凶作・飢饉によって財政的に追いつめられ、商人と癒着してそこからの借金を頼りに藩政が行われていくことになる。しかも、天保の大飢饉で財政がさらに悪化すると、それまで藩政に介入していた大坂の大商人・蔵元升屋が手を引いたため、藩としては儀式の類をそれまでのものから十万石相当のものへ簡略化するなどの倹約政策を進めることになった。

幕末においては奥羽越列藩同盟の盟主として新政府軍と戦ったが、同盟諸藩が次々と離脱したこともあって劣勢に立たされ、さらに米沢藩が降伏したこともあり、藩内の主戦論を十三代・慶邦《よしくに》が抑え込む形で新政府軍に降伏した。戦後、伊達家の存続は許されたものの二十八万石に減封され、版籍奉還・廃藩置県を迎えることになった。

支藩は三つあったが、うち二つが一代で消滅してしまっている。伊達宗勝を祖とする三万石の大名、一関藩・伊達家は、その宗勝が伊達騒動の結果として所領を宗家に返し、消滅した。三代・綱宗の次男である村和を祖とする三万石の大名、水沢藩・伊達家は、旗本とトラブルを起こしたことによって処分され、やはり消滅することになった。

一方、坂上田村麻呂の子孫を名乗った陸奥の名門・田村氏が伊達家に臣従し、仙台藩二代藩主・忠宗の次男にあたる宗良が継承した岩沼藩（のちに宗勝の後に入って一関藩）伊達家三万石は、幕末まで続いている。

支流として存在するのが、先述した政宗の庶長子・秀宗を祖とする宇和島藩の伊達家である。彼は大坂の陣後に伊予国板島に約十万二千五百石の所領を与えられ、これを宇和島と改名して大名となった。初期、大名となるための費用として仙台藩より莫大な借金をした宇和島藩は財政難に苦しみ、それを解決しようと俸禄の借上を行った家老が暗殺される事件まで起きた。この家老は政宗によってつけられた家臣だったので秀宗は勘当され、一度は所領の返上まで検討されたが、のちにこの勘当は解かれている。

その後、五代・村候《むらとき》が出て藩政改革を徹底し、製蠟業や干鰯《ひいわし》（肥料として人気があった）などの特産品を開発して高く評価され、名君と呼ばれた。

幕末においてはやはり賢君として名高く、「幕末四賢候」に数えられる八代・宗城《むねなり》が現れた。旗本より養子入りした彼は、藩政改革を推進するとともに洋学・兵学を熱心に研究させ、技術の面でも宇和島の名をとどろかせた。宗城自身は安政の大獄で隠居に追い込まれたが、その後も幕末の動乱・明治維新に積極的に関わり、大きな功績を残した。

陸奥国仙台藩・伊達家

初代 伊達政宗（1567〜1636）―― 二代 忠宗（1599〜1658）―― 三代 綱宗（1640〜1711）―― 四代 綱村（1659〜1719）―― 五代 吉村（1680〜1751）……→ 十三代 慶邦（1825〜1874）

陸奥国中村藩・相馬家

相馬氏はその祖先を平安時代後期に関東で大規模な武力反乱を起こした平将門とする名門武家である。名の由来は将門が下総国相馬郡を拠点とし、「相馬小次郎」と称したことにある。その後、相馬宗家は本領に残り、五千石の旗本として江戸時代に残った。

一方、源頼朝の奥州征伐で陸奥国行方《なめかた》郡を与えられたことを始まりとする奥州相馬家は、東北の有力豪族の一つとして戦国の動乱を戦い、豊臣秀吉に臣従することで四万八千七百石を安堵された。関ヶ原の戦いにおいて西軍側と目されたことから一時所領没収の憂き目にあったものの、相馬利胤《としたね》が必死の赦免運動を展開した結果、六万石の大名として江戸時代を迎えた。ちなみに、この利胤はもともと石田三成の「三」の字をもらって「三胤《みつたね》」と名のっていたが、のちに幕府重臣である土井利勝の「利」の字をもらってこの名に変えている。

三代・忠胤《ただたね》の時に、中村藩では「大帳」というものが始まっている。これは収入・支出を始めとする藩のお金の動きを細々としたところまですべて明確に記録するもので、藩財政の基本として後々まで役に立ったという。つまり、今でいう帳簿のようなものだ。

また、彼の治世において新田開発や検地、蔵米制への転換などが行われ、近世的な藩政が整えられた。現在も残る祭り――「野馬追」が始まったのもこの頃だが、その背景には隣に大藩・仙台藩・伊達家がいるために軍備に気を配った中村藩ならではの事情があったともいう。

しかし、時代が進む中で中村藩の経済状況も悪化し、天災や飢饉もしばしば起こった。中村藩は小藩にしては藩士の数が多く、さらに元禄年間の検地で「九万八千石」と届け出ながら、農村の荒廃や人口減少の影響によって実高が大きく下がっていたせいで、身の丈に合わない御手伝普請を命じられることが多く、藩財政は逼迫した。

これに対し、九代・祥胤《よしたね》の代には間引きの禁止と出生児への養育料負担を打ち出し、人口増加によって問題を解決しようとしたが、大きな効果は得られなかったようだ。

そんな中、財政改善を成功させて名君と讃えられたのが十一代・益胤《ましたね》だ。益胤の改革は「文化の御厳法」と呼ばれ、儀式類を本来の六万石相当から一万石相当のものにすることを始めとした厳しい倹約や代々の宝物を売り払っての資金確保、非常時のための米の備蓄、赤子のための養育料の増加、開墾地の税を免除することでの新田開発の奨励などが行われた。結果として天保の飢饉においても一人の餓死者も出さないことに成功した。

また、続く十二代・充胤《みちたね》の代には二宮尊徳の報徳仕法が導入され、荒廃した農村の復興と人口・収入の増加が進められた。

戊辰戦争においては早い時期から朝廷への恭順を示していたものの、隣接する仙台藩の圧力によって奥羽越列藩同盟への参加を余儀なくされた。その後降伏、許されて新政府側に参加し、仙台藩と戦って戦功をあげている。

陸奥国中村藩・相馬家

初代 相馬利胤（1581～1625）……→ 三代 忠胤（1637～1673）……→ 九代 祥胤（1765～1816）……→ 十一代 益胤（1796～1845）―― 十二代 充胤（1819～1889）

陸奥国二本松藩・丹羽家

関東に大きな勢力を築いた武蔵七党の一つ・児玉党（もとは藤原氏の末裔）の一族が尾張守護の斯波氏に仕える形で丹羽郡児玉村に住みつき、「丹羽」を名のるようになった――というが、このあたりの経緯ははっきりしない。

頭角を現したのは丹羽長秀の時で、織田信長の側近として活躍し近江国佐和山に五万石を与えられた。信長死後の織田政権内部での争いにおいては初期から羽柴（豊臣）秀吉を支持、厚遇されて百二十万石を与えられた。しかし長秀の死後にその子の長重が跡を継ぐと次々と所領を没収され、最終的に加賀と石川に十二万五千石を与えられた。

ところが、長重は関ヶ原の戦いにおいて西軍に付き、東軍側に付いた北陸の大大名・前田家を抑える役目を担ったため、戦後に改易されてしまう。しかし、以前から徳川秀忠と親交があったことが功を奏して古渡藩一万石として大名に復帰、さらに大坂の陣で戦功をあげて陸奥国棚倉藩五万石に、さらに白河藩十万七百石に、とたびたび加増・転封を受けた。最終的に、長重の子・光重の代に二本松藩十万石に入り、そのまま幕末までこの地に定着した。

二本松藩の藩政は二代・光重、三代・長次《ながつぐ》の頃に確立され、凶作などもあったが一応の安定を見せた。一方でこの二人は学問の振興にも熱心であり、学者を招いて「家塾」を建てさせたりした。今でも、二本松市には現存する最古クラスの算額（数学の問題を解いてその結果を奉納するもの）が残されており、学問が盛んであったことを偲ばせる。

しかし、東北諸藩のほとんどがそうであったように、二本松藩もまた度重なる天災や御手伝普請などによって経済的に困窮するようになり、享保の頃よりたびたび藩政改革に取り組んだ。儒学者・岩井田昨非《さくひ》は「自分の名前をきちんと書ける藩士は十分の一以下だった」という二本松藩を改善するために、藩士たちに文武を学ばせ、新たな人材を探し、さらに綱紀粛正を行った。財政問題に対しては税を増やし、厳密にこれを取り立てることで解決したが、あまりにも強引だったために多数の反撥を受けた。

これに対して昨非は「爾俸爾禄　民膏民脂　下民易虐　上天難欺（お前たちの俸禄は農民たちの膏であり脂〈＝血と汗の結晶〉であるのだ。農民たちを虐げることは簡単だけれど、てんなことをしようものなら天を欺くことはできないぞ）」という戒石を建てさせ、自分の意思を表明しようとした。

ところが、この内容が農民たちの間で「農民たちは欺きやすいもので、虐げてでも民の血と汗を絞り、お前たちの俸禄にしろ」という意味なのだ——と誤解が広まり、当時凶作にあえいでいた農民たちの怒りに火をつけ、大規模な一揆を招いてしまった。そこで昨非は自ら一揆鎮圧に乗り出し、戒石の意味がまったく逆であることを説いた。これを聞いた農民たちの中には涙を流す者さえあり、一揆は収まった。しかし昨非はこの騒動の責任を取らされ、失脚した。

ただ、昨非の改革への反撥と彼の失脚については、「改革反対派の陰謀」という説がある一方で、「昨非は税を増やすばかりで生産力を増やそうとしなかった」と改革の欠点を指摘する向きもある。

こののちにも寛政期や天保期などに改革が行われ、様々な政策が実行された。しかし、たびたびの天災や飢饉、幕府が行う工事のための出費などで財政はさらに困窮し、大規模な一揆もあって、大きな成果をあげることはできなかった。

戊辰戦争では奥羽越列藩同盟に参加し、各地で戦ったが敗北を繰り返した。幕末期に出兵・警備の任務を繰り返したことで財政がさらに悪化し、旧式の軍備しかできなかったのが原因であったという。

いよいよ新政府軍が二本松城に攻め込んだ際には主力は別方面で戦っており、二本松少年隊と称される少年兵が必死の防戦をしたもののかなわず、多大な被害を受けた。二本松城は炎上し、藩も降伏。五万石に削られ、明治時代を迎えることになった。

陸奥国二本松藩・丹羽家

丹羽長秀（1535〜1585）——初代（白河藩）長重（1571〜1637）——二代（二本松藩）光重（1621〜1701）——三代 長次（1643〜1698）

出羽国秋田藩・佐竹家

常陸北部に勢力を築いた清和源氏・新羅三郎義光を祖とし、その孫にあたる昌義の時代に久慈郡佐竹郷・太田郷周辺を本拠としたことからこの名を名乗った。北関東に古くから地盤を持つ一族で、南北朝の合戦において活躍したことで大きく勢力を伸ばした。

しかしその後は一世紀にもわたって内乱が続いた。ようやく統一に成功した後は、戦国時代の動乱の中で周辺の中小勢力を糾合し、北関東に覇を唱えたが、南の後北条家・北の伊達家という強敵に挟まれ、立ち回りに苦労することになった。

豊臣政権においては石田三成との関係が深く、厚遇されたものの、関ヶ原の戦いでは一転してつらい立場に追い込まれる。

時の当主・義宣《よしのぶ》は、三成が対立する武断派七将による襲撃を受けた際には自ら救援に赴くなど、親三成派として行動していた。江戸を中心に関東を広く領する徳川家の、その頭をちょうど抑える北関東の約五十五万石は家康にとっての脅威であり、三成にとっての重要な味方であった。

しかし関ヶ原の戦いにおいて、義宣は西軍には付かなかった。かといって東軍に味方すると宣言することもなく、どちらに味方するともはっきりさせないまま、兵を進めたのである。この間、義宣は家康やその子・秀忠のもとへ使者を派遣するなど東軍側への働きかけを行っているが、一方で「三成および上杉景勝との密約があり、機会を見て東軍を挟み撃ちにするつもりだった」とも言い、その真意がどこにあったのかははっきりしない。佐竹家があやふやな中立姿勢をとり続けたままで、関ヶ原の戦いは終わってしまったからだ。

この判断は、少なくとも佐竹家自身にとっては「最悪ではなかった」といえる。戦後、優柔不断な態度を責められ、減封のうえ出羽へ飛ばされはしたものの、改易は免れたからだ。常陸一国五十四万五千八百石から出羽国の秋田（久保田）十八万石（後に二十万五千八百石）への転封ということで許された。ちなみに、「秋田」は明治に入って改名されたものであり、本来は「久保田」藩が正しいが、知名度からこちらで通す。

しかし、全体の歴史から見ると話が変わってくる。もし、関ヶ原の戦いにおいて義宣が明確に西軍に付き、関東を脅かしていたら——その後の展開がどうなったかはわからない。西軍が勝利していた可能性も十分にある。義宣はその可能性を自ら摘み取ってしまったのである。

支藩は二つ。二代・義隆の庶長子・義寘《よしおき》の子である義都《よしくに》は宗家から蔵米を与えられる形で久保田新田藩一万石の大名となったが、これはわずか二代で消滅、宗家に吸収された。また、同じく義隆の四男である義長はやはり宗家から蔵米二万石を与えられて大名となり、これがやがて岩崎藩・佐竹家となって幕末まで続いた。

七代・義明《よしはる》の代に起きた御家騒動、いわゆる「佐竹騒動」の背景には、二つの事情があった。

一つは、秋田藩の財政窮乏である。この藩には東北最大の院内銀山・阿仁金山（のちに銅山）があり、さらに特産品として秋田杉があったので、初期は財政が大変豊かであった。しかし、やがて資源が枯渇していくと、蔵米制への移行があまり行われず、地方知行が基本であったこととあわせて、財政的に追い詰められていく。そこで義明は銀札（藩札の一種）の発行によって財政の健全化を狙ったが、むしろインフレを引き起こし、藩財政にさらなるダメージを与える結果に終わった。

そこにもう一つの問題である藩主一門の対立が重なった。佐竹家の分家筋の出身である先代の義真《よしまさ》は若くして急死し、毒殺の疑惑があったことが背景にあったようだ。

この二つの問題が重なる形で秋田藩内部は紛糾し、最終的に義明が銀札支持者たちに失敗の責任を取らせて大量処分することで事件は収束に向かった。

義明の跡を継いだ八代・義敦《よしあつ》は、財政再建に奔走しながらも果たせなかった。しかし、平賀源内から洋画を学んで「秋田蘭画」の一派をつくることになった洋画家小野田直武のパトロンとなり、自身も洋画家となるとともに日本初の洋画論を著し、文化面では名を残した。

続く九代・義和《よしまさ》は米沢藩の上杉鷹山らと並んでこの時期の東北地方における代表的な名

君のひとりであり、各種の改革を進めた。

幕末の動乱においては、当初は奥羽越列藩同盟に参加したものの、やがて新政府側に呼応し、これを裏切る形となった（もともと参加していなかったとも）。これは藩内の意見が尊王か佐幕かでおおいに揺れたせいだが、最終的には尊王で意見が統一された。

仙台・盛岡・鶴岡といった同盟側の諸藩に激しく攻撃されたものの持ちこたえ、新政府側の援軍が到着すると戦況は逆転、秋田藩はその戦功を高く評価されることになった。

出羽国秋田藩・佐竹家

初代 佐竹義宣（1570〜1633）―― 二代 義隆（1609〜1672）…→ 七代 義明（1723〜1758）―― 八代 義敦（1748〜1785）―― 九代 義和（1775〜1815）

出羽国米沢藩・上杉家

上杉氏は藤原氏の流れを汲む勧修寺《かんじゅじ》重房が丹波国何鹿郡上杉を所領として「上杉」を名のるようになったことに始まり、特に室町時代には関東管領として東国で大きな勢力を誇った。しかし戦国時代に入って後北条家に圧迫され、実質的に滅亡した。これを継承したのが、もともと上杉氏の補佐役として各地で守護代などを務めていた長尾氏の長尾景虎で、のちの上杉謙信である。

その謙信の死後、実子がいなかったために二人の養子の間で後継者争いが起き、勝利した景勝が跡を継いだ。彼は豊臣秀吉に臣従し、会津百二十万石を与えられたが、関ヶ原の戦いで西軍に参加して家康に逆らったことから米沢三十万石となり、江戸時代に入っていくことになる。

ところが、所領が四分の一に減ったにもかかわらず家臣の数をほとんど減らさなかったため、慢性的な財政危機に苦しめられることになる。その一方、ごく初期から青苧《あおそ》（カラムシの茎の皮の繊維。衣料が作れる）・紅花・漆蠟などの特産物が開発され、さらにそれを藩が買い取って御用商人を通じて販売する初期専売制を確立し、財源として活用していた。

三代・綱勝が後継者を決めないままにわずか二十七歳で急死してしまうと、上杉家はお家断絶の窮地に立った。綱勝の姉妹と高家・吉良《きら》義央《よしなか》の間に生まれた綱憲《つなのり》が家督相続を許されてどうにか断絶はしないで済んだものの、代わりに所領を十五万石に半減されてしまった。

綱憲の父・吉良義央が『忠臣蔵』で有名な「元禄赤穂事件」において、浅野内匠頭《たくみのかみ》との確執と刃傷事件の末に赤穂浪士の討ち入りをうけると、綱憲は父を守るために藩士を派遣しようとしたが家中の反対が強くてかなわなかった。最終的にこの事件が「仇討ちの美談」となったことから、もし関わっていた場合は上杉家にも少なからず悪影響があったことであろう。

また、この綱憲の時に家督相続に苦労した経験からか、その四男・勝周《かつちか》が一万石を分け与えられる形で米沢新田藩がつくられた。特定の領地や藩庁機構を持たず、家督相続の受け皿として用意された藩である。

米沢藩を立て直して名君と讃えられたのが、「なせばなる　なさねばならぬ　何事もならぬは人の　なさぬなりけり」という言葉で名高い九代・鷹山（治憲）である。

高鍋藩主・秋月種美《たねみ》の次男であり、綱憲の娘を祖母に持つ彼は、上杉家に養子として入ると様々な改革に着手した。藩政のシステム的な改革を進めるのはもちろんのこと、江戸での生活費を七分の一以下に切り詰め、五十人いた奥女中を九人にするなどの徹底的な倹約を行って財政の健全化を目指したのである。

これが功を奏し、鷹山の先代の頃には幕府に領地の返上まで考えたほどの財政状況は大いに改善され、十一代・斉定《なりさだ》の代には借金を返しきることに成功している。

また、その斉定の時に冷害による大凶作があったが、鷹山の設置していた備蔵《そなえぐら》に貯蔵された食料によって一人の餓死者も出さず、幕府が恩賞を与える、ということもあった。

ただ、改革がすべて順調にいったわけでもなかった。譜代層による強力な反撥もあり、千坂・色部といった謙信の時代以来からの名門を含む七人が改革に反対して「七家騒動」と呼ばれる御家騒動にも発展したが、鷹山はこれに厳正な処罰を与えて対応した。また、改革を推進させた重臣・竹俣当綱《たけまたまさつな》を様々な不業績から失脚させることにもなり、鷹山自身もその直後に隠居し、改革はいったん中断している。

しかし、養子の十代・治広を後見する形で改革を再開し、最終的には先述したような大きな効果をあげるに至ったのである。

幕末の動乱期においては、仙台藩とともに奥羽越列藩同盟の中心的役割を担い、北越戦争において新政府軍と戦った。しかし、ここで劣勢に立たされたことから早期に降伏することとなり、四万石を没収されて明治時代を迎えた。

出羽国米沢藩・上杉家

上杉謙信(1530〜1578)――初代 景勝(1556〜1623)…→三代 綱勝(1639〜1664)――四代 綱憲(1663〜1704)…→九代 鷹山(治憲)(1751〜1822)――十代 治広(1764〜1822)――十一代 斉定(1788〜1839)

下野国喜連川藩・足利(喜連川)家

室町幕府を開いた足利尊氏の次男で、鎌倉公方として東国を治めた基氏の末裔。代々鎌倉公方を継承してきたが、やがてその補佐役である上杉氏や室町幕府とも対立することになり、戦国時代初期には下総国古河に移って古河公方を名のり、中央より派遣されてきた堀越公方足利家と争った。しかし後北条家の勢力が拡大する中で圧迫され、ついにその支配下に入ることになった。

こうして名目上は古河公方の名を残していた足利義氏《よしうじ》が死ぬと家は断絶ということになったが、小田原征伐によって北条氏を滅ぼした秀吉が、義氏の娘・氏姫と、同じ一族ながらかつて小弓公方を名のって対立した家出身の足利国朝《くにとも》を婚姻させ、足利氏を再興させた。この際、下野国喜連川三千五百石を領したことから、「喜連川」家と名のる。

喜連川家は関ヶ原の戦いには参加しなかったが、勝利を祝う使者を徳川家康のもとへ送った。そして、家康は室町将軍・足利氏の血を伝えるこの家を尊重し、優遇したため、五千石（四千五百石とも）へ加増されるとともに十万石格の交代寄合としての家格を与えられた。特権として参勤交代や諸々の負担の義務もなく、さらに代々の藩主は「御所」「公方」などと呼ばれた——これは本来なら将軍を示す言葉である。

三代・尊信《たかのぶ》の代には家臣団内部で抗争が起こり、ついには筆頭家老が尊信を幽閉する事件にまで発展した。これに対して尊信派は、幼い尊信の娘と五人の百姓（先祖は上総から付き従ってきた武士）を江戸へ派遣し、幕府へ直訴した。大老や老中が参加した評定（これは非常に特殊なことだった）の末に裁決が下され、大規模な事件にはならなかったが、尊信はこの咎《とが》を問われて隠居した。喜連川藩に処分が下されることはなかった。ただ、このエピソードについては矛盾する部分も多く、どこまでが本当かはわからない。

このように特殊な立ち位置にいた喜連川藩であったが、その内情は血筋への誇りや特殊な格式に見合うような経済力がなく、財政的には困窮しがちだった。

大きな財源となったのは、奥州街道の宿場街である喜連川を通る参勤交代道中――特に大藩である仙台藩が落とすお金であった。しかし、大藩といえども財政危機を抱えているのは同じ。仙台藩の一行は費用節約のためになるべく泊まる場所を減らそうとしていたのだが、通り過ぎられてしまっては喜連川藩の経済が危ない。

そこで藩主が街道で仙台藩一行が来るのを待ち受けていて、いざやってくると挨拶をした。これだけ家格の高い相手に声をかけられてそのまま行ってしまうのは失礼にあたるので、結局仙台藩一行は喜連川で一泊せざるを得ない。涙ぐましいばかりの努力である。

そんな中、十代・熙氏《ひろうじ》は各種の藩政改革を推し進めたが、これによって上士と下士の対立を激化させてしまうことになり、幕末期の喜連川藩では内部対立が続いた。また、十二代・縄氏《つなうじ》の頃、戊辰戦争のさなかに家老の二階堂貞明が新政府軍に対して「藩主が会津藩に内通している」と密告し、これが発覚して関係者がまとめて処刑される事件（二階堂事件）もあったが、これもそうした対立の延長だったのでは、とも考えられている。

下野国喜連川藩・足利（喜連川）家

- 初代 足利国朝（1572～1593）
  - 二代 頼氏（1580～1630）── 三代 尊信（1619～1653）……→ 十代 煕氏（1812～1861）……→ 十二代 縄氏（1844～1874）

信濃国松代藩・真田家

真田家は清和源氏・海野氏の流れを汲み、真田幸隆《ゆきたか》が武田信玄に仕えて活躍した。その子・昌幸は信玄に「我が目のようだ」と信頼された才覚の持ち主で、武田家滅亡後は独立大名として有力諸大名と渡り合い、また豊臣秀吉の信任を受けた。

嫡男の信之は徳川家の重臣・本多忠勝の娘を妻に迎え、関ヶ原の戦いでも東軍方に付いた。これに対し、昌幸は次男の信繁（幸村の名で有名）とともに西軍に付き、兄弟父子が争うことになった。実際には東軍と西軍のどちらが勝利しても真田家を残すために、あえて敵味方に分かれたのだともいう。

結局、昌幸は戦後に流された先で病死し、信繁は大坂の陣で活躍した末に戦死したが、信之は徳川家との親密な関係もあり、父の旧領ほかと合わせて沼田・上田に九万五千石を与えられた。その後に加増され、信之は松代藩十万石となり、のちにその地位は次男・信政に譲られ、一方で嫡男・信吉には支藩として沼田藩三万石が与えられた。また、家督継承前の信政に与えられた領地が松代分封藩という形になっているが、こちらは跡継ぎがいなくなって消滅している。また、三代目藩主の座をめぐって幸道（信政の子）と信利（信吉の子）が争うという事件もあったが、この際は幕府の介入によって事なきを得ている。

ところが、沼田藩主となった信利は、本家である松代藩への対抗意識からか強引な検地を実行、「実高は十四万四千石です」と幕府に報告した。これはもちろん過大な数字であり、極度の重税を課せられた農民たちを大いに苦しめた。これに加え、江戸両国橋修理のための材木供出のために人を動員したことが彼らの怒りをさらに煽《あお》り、結局農民たちの抵抗により材木は期日に間に合わず、それどころか一揆まで招いてしまった。この罪を問われ、沼田藩・真田家は改易となったのである。

松代藩は、幕末まで地方知行制を貫いた。ただし、一つの村ごとに武士が管理する従来のスタイルではなかったようだ。すなわち、村の土地（およびそこから上がる収入）は分割されていて、それぞれが複数の武士の知行であり、かつ藩の直轄地まで混在していたのである。そして、一人の武士は必ず複数の村にそのような分割された知行を持つ。そのため、武士たちと土地との結びつきは非常に薄かったはずだ。

他藩と同じく、松代藩も度重なる天災や幕府の要請による支出、さらには社会情勢の変化によって財政的に苦しくなった。信之の時代には莫大な蓄財をしていたのが、幸道の代になるとすっかり底を突き、のちには二度にわたって幕府より一万両借りなければならなかったほどだという。

八代・幸貫は松平定信の実子にあたり、真田家に養子に入って家督を継承した人物である。寛政の改革を進めた父のやり方を踏襲し、殖産興業に始まって藩政面や軍事面など多方面にわたる改革を進めた幸貫は、老中として水野忠邦を補佐する形で天保の改革に関わった。また、勝海舟・吉田松陰・河井継之助らに影響を与えたという幕末の学者・佐久間象山を登用したのもその功績の一つといえる。

幕末には公武合体を主張する恩田党と尊王攘夷を主張する真田党という二つの派閥が激しく争った末、藩論は尊王攘夷へと固まった。結果、戊辰戦争においてはいちはやく新政府への恭順を示し、東北戦争で戦功をあげた。

信濃国松代藩・真田家

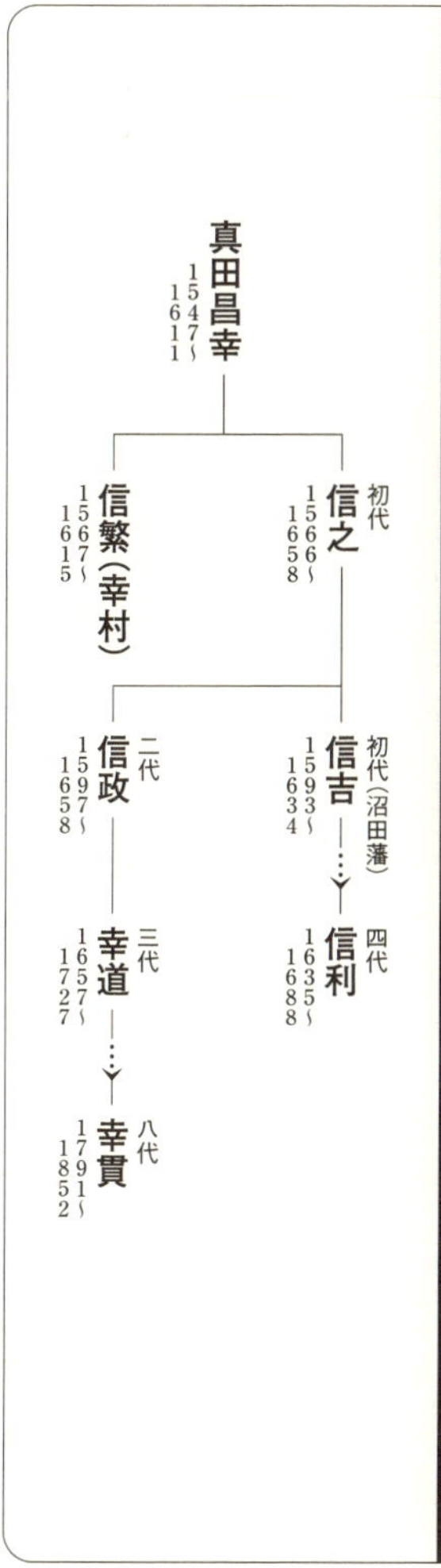

下総国結城藩・水野家

清和源氏・源満政の末裔が尾張国春日井郡山田荘水野に住みついたことを始まりとする。戦国時代には三河へも進出し、その中で松平氏と深く結びつくようになった。徳川家康の母・於大《おだい》の方はこの水野氏の出身である。

しかし、やがて水野氏は織田家と接近するようになり、松平氏（およびその背後にいる今川氏）と対立するようになった。これが解消されるのは、今川義元が織田信長に倒され、松平氏が独立してからのことで、家康の叔父にあたる水野信元は信長と家康が同盟を結ぶ際の仲介役を務めている。

その後、信元は武田家への内通を疑われて殺されてしまうが、異母弟の忠重が家督を継承し、織田家に仕えた。本能寺の変後は一時期徳川家康に仕えていたものの、やがて羽柴（豊臣）秀吉に臣従したが、秀吉の死後は再び家康のもとへ戻っている。ところが関ヶ原の戦い直前にいさかいから殺害されてしまったため、息子の勝成が跡を継いだ。

勝成は関ヶ原の戦い・大坂の陣それぞれで活躍し、また家康の側近としても大きな役割を果たしたので、広島藩・福島家の改易後に備後に入り、福山藩十万石（のちに結城藩一万七千石）を与えられた。この結城藩水野家が本家筋といえる。

さらに支流も多数存在する。幕末まで残った大名家は以下のとおり（譜代のため国替えの数が膨大であり、省略）。勝成の弟・忠清を祖とする小幡、吉田、松本藩・水野家。そこから分かれた忠清の子・忠増の流れである鶴牧藩・水野家。信元の弟でまず織田家に、その後徳川家に仕えた忠守の子・忠元を祖とする山川藩・水野家。同じく信元の弟で徳川家に仕えた忠分の子・重仲を祖として紀州藩付家老を代々務め、幕末に大名となった新宮藩・水野家。

他にも旗本の水野家も多数存在し、江戸時代初期に「かぶきもの」として名を挙げた水野十郎左衛門成之などもそうした旗本水野家の一人である。

勝成系水野家にとって最大のトピックとなったのが、わずか二歳の当主であった五代・勝岑《かつみね》の急死である。六人の兄に加えて父である四代・勝種まで急死したための家督継承であったが、その勝岑までが急死したため、福山藩・水野家は断絶してしまったのである。

しかし、幕府は「神君の母の家」として徳川の外戚家にあたる譜代の名門・水野家、その本家がこんなところで絶えるのは忍びないと感じたようで、一族の勝長が家督を継承することによって、小禄ながら大名として再興することを許されたのだ。

忠清系水野家も一時断絶の憂き目にあっている。この家はもともと信濃国松本藩七万石を与えられていたのだが、六代・忠恒の時に「松本大変」と呼ばれる大事件を起こした。

忠恒はもともと藩政に無関心で酒色におぼれた大名にふさわしくない人物であったという。そんな彼が江戸城に登城した際、いきなり長州藩・毛利家の嫡男・師就《もろなり》に斬りつけてしまったのである。取り調べに対して、忠恒は「毛利家に領地を取り上げられたのだと思い込んだ」と答えている。この頃、忠恒は結婚が決まったばかりで連日祝宴をこなした結果、心身を大いに乱していたようで、そのせいで妄想に取りつかれたのかもしれない。

赤穂浪士の一件を思い浮かべるまでもなく、江戸城で刃傷事件を起こすのは大罪だ。松本藩・水野家は改易・断絶となった。しかし、やはり名門・水野家のことを慮って幕府の処置は寛大であり、叔父の忠穀《ただよし》が旗本として家を継承することが許された。

さらに、忠穀の子の忠友は田沼意次と協力して「田沼時代」の立役者の一人として幕政に大きく関与し、沼津藩三万石として家を再興させた。田沼の失脚とともに忠友も権勢を失ったが、婿養子として跡を継いだ忠成は十一代将軍・徳川家斉の側近として老中にまで登りつめ、いわゆる「大御所時代」の中心人物のひとりとなった。しかし、忠成には「賄路政治を横行させた」として非難の声も強い。

忠元系水野家は、天保の改革を推進した水野忠邦を輩出している。唐津藩主であった忠邦は藩政改革を断行する一方で幕政に深く関わりたいと考え、遠江国浜松藩へ転封できるよう工作し、これを成功させた（長崎見廻という役を持つ唐津藩は、譜代大名であっても幕府の要職には就けなかった）。

思惑通り幕府で順調に出世した忠邦は、十二代将軍・家慶のもとで老中として天保の改革を実施し、徹底的な倹約を始めとして改革を強力に推進したものの、反対派の抵抗が激しかったことから改革は失敗、老中を罷免された。その後再び老中になったがやはりうまくいかずに隠居・謹慎となり、家自体も山形藩へと転封となった。

これらの水野家は、それぞれ幕末の動乱の中で難しい立ち位置に追い込まれている。勝成系水野家の結城藩では、佐幕派と尊王派が激しく対立し、戊辰戦争のさなかに両派が結城城を巡って戦う事態にまで発展した。忠清系水野家の忠誠は老中として第二次長州征伐で出陣したものの、将軍・家茂の死によって失敗に終わり、自身も撤退作業の中で病死してしまっている。忠元系水野家は戊辰戦争の中で佐幕派と戦うと見せた偽装で新政府軍を欺き、奥羽越列藩同盟に参加したが、結局新政府軍に敗れている。

下総国結城藩・水野家

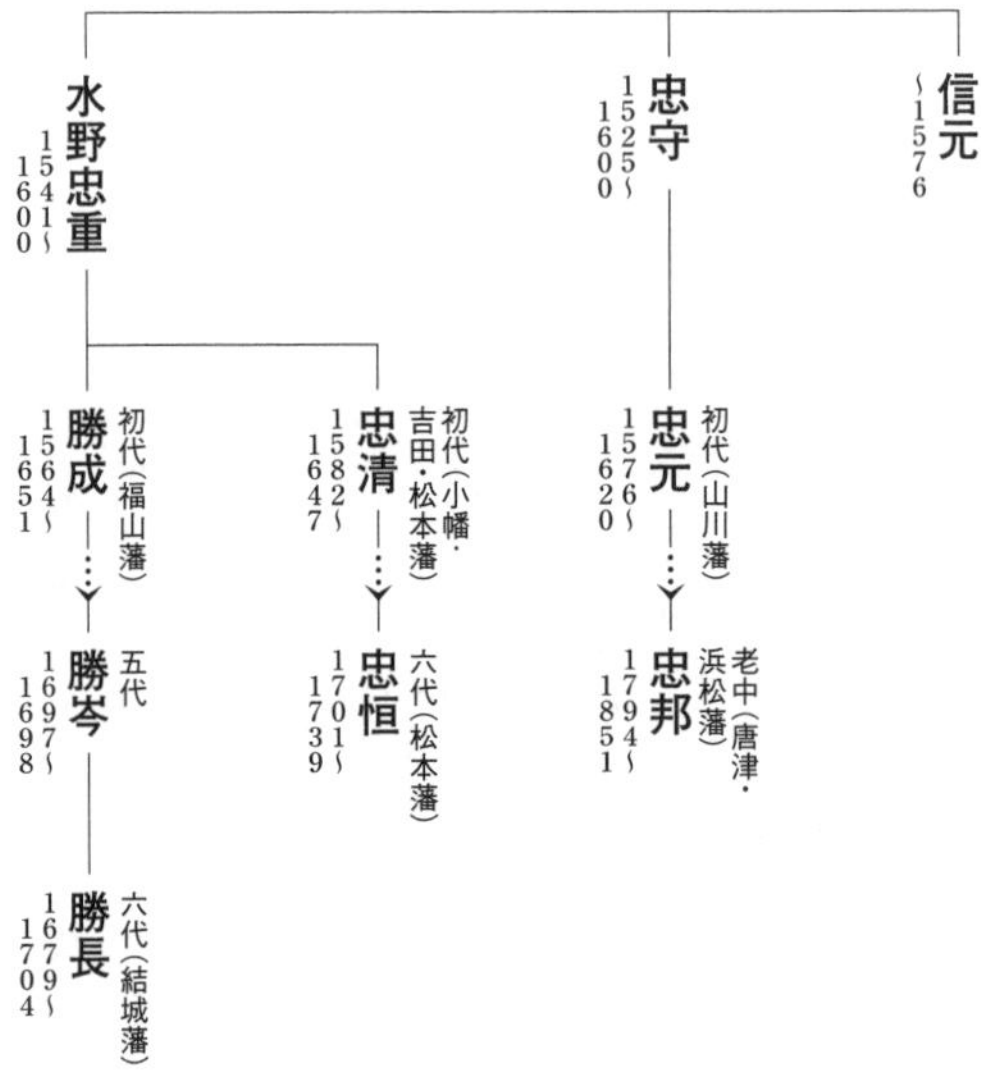
信元
～1576
忠守
1525～1600
水野忠重
1541～1600
初代（山川藩）
忠元
1576～1620
老中（唐津・浜松藩）
忠邦
1794～1851
初代（小幡・吉田・松本藩）
忠清
1582～1647
六代（松本藩）
忠恒
1701～1739
初代（福山藩）
勝成
1564～1651
五代
勝岑
1697～1698
六代（結城藩）
勝長
1679～1704

信濃国諏訪藩・諏訪家

その血筋は神話の中で語られる最初の天皇・神武天皇の息子に遡るとも、タケミナカタ神の末裔であるともいい、古くより信濃国・諏訪大社の神官を務めてきた家系。室町時代の頃に神官の家系と武士の家系が分かれ、武士としては信濃に大きな勢力を誇ってきたが、戦国時代に武田信玄に降伏、滅亡した。その後、諏訪氏はその血を引く武田勝頼（信玄の子）が継承したものの、勝頼は織田・徳川連合軍によって攻め滅ぼされている。

しかし、武田家滅亡後に諏訪頼忠によって諏訪氏は再興され、徳川家康に仕えた。そして彼の息子・頼水の代になって旧領である諏訪の地に戻り、またさらに加増もされて、諏訪藩三万二千石を領するようになったのである。居城の高島城から高島藩ともいう。

六代・忠厚の治世下では、藩政改革に重臣同士の派閥対立が絡んで「二の丸騒動」が巻き起こった。まず、家老の千野兵庫が藩政改革を実施し、検地や新田開発などを行う一方で税制を強化し、悪化していた財政状態をある程度好転させた。

しかし、この改革は当時頻発していた天災とも相まって農民たちの強い反撥をまねき、これに乗じたもうひとりの家老・諏訪大助ら（二の丸派）によって千野派（三の丸派）は失脚してしまった。ところが二の丸派は藩政をほしいままにして賄賂が横行したため、千野兵庫が復職。再び藩政を主導することになった。

　こうした両者の対立の火種になったのが、忠厚の後継者問題であった。彼には正室によって養育されていた長男軍次郎（母親は腰元）と、女中との間に生まれた次男・鶴蔵がいて、後者を寵愛していた。そこで諏訪大助は鶴蔵を擁立する姿勢を見せて忠厚に接近し、再び千野兵庫を失脚させてしまった。これに対し、千野兵庫はひそかに江戸へ赴き、老中・田村意次らに接触して忠厚を説得、二の丸派を一掃することに成功したのである。

　幕末期には九代・忠誠《ただまさ》が幕府老中職などにつき、対外国問題などで奔走した。しかし第

信濃国諏訪藩・諏訪家

初代 **諏訪頼水**（1571～1641）……→ 六代 **忠厚**（1746～1812）……→ 九代 **忠誠**（1821～1898）

一次長州征伐に反対して老中を辞め、戊辰戦争においては新政府側について、甲州勝沼の戦いで近藤勇ら甲陽鎮撫隊を撃破している。

越前国丸岡藩・有馬家

平安時代に海賊として西国を席巻した藤原純友の末裔と称するが、実際には平氏の一族であり、肥前国高来郡有馬荘の地頭になったことからこの名を名のるようになったようだ。

室町時代より勢力を伸ばし、一時期は同じ肥前の龍造寺家が台頭したことによって衰退したものの、キリシタン大名として名高い有馬晴信がイエズス会の助力を得てその圧迫に耐え、また島津家の援軍を得て龍造寺隆信を敗死させるに至った。しかし今度は島津家に圧迫されたため、豊臣秀吉の九州征伐が始まるとこれに臣従、四万石の本領を安堵されるに至った。さらに関ヶ原の戦いでは当初西軍に付いたものの、いちはやく東軍へ寝返り、所領を守った。

ところが、間もなく大きな事件が起きてしまう。きっかけになったのは、晴信がマカオへ船を派遣したところ、ポルトガル船マードレ＝デ＝デウス号の船員と衝突、日本側の水夫が数名殺害されるとともに積荷まで奪われたことだった。これに激怒した晴信は徳川家康の許可を取った上で長崎にやってきたデウス号を撃沈、家康に称賛されるに至った。

晴信はこれに乗じて鍋島家に奪われていた旧領を取りもどそうと画策、幕府重臣・本多正純の家臣である岡本大八に同じキリシタンであるというよしみから接近、多額の金銭を贈って政治工作を行った。しかしこれは大八による詐欺であり、実際には大八はすべての金銭を自分の懐に入れていた。

激怒した晴信は幕府に大八を訴えたが、道連れを狙った大八が「晴信が長崎奉行を毒殺しようとしていた」と訴え、これに対して言い逃れをすることができなかったため、配流処分を受け、ついに自決するに至った。この事件は有馬家にとっても大事件だったが、日本史の観点からしてもキリスト教が弾圧されていくきっかけになった重要な事件であった。

岡本大八事件で大きな汚名を背負うことになった有馬家であったが、晴信の嫡男・直純は幼い頃から家康に近く、さらにその養女を妻として迎えるなど徳川家との関係が非常に深い人物であったため、無事に家督と所領を相続することが許された。こうした縁もあり、のちに有馬家は譜代大名となっている。

直純に代替わりして間もなく、有馬家は日向国県《あがた》(延岡に改名)五万三千石へ転封され、さらに四代・清純の代になって大規模な一揆が起きたことから越後国糸魚川五万石へ、さらに越前国丸岡へ転封され、以後この地に落ち着いた。

この清純の時には財政危機が厳しく、糸魚川へ移る際には多数の藩士をリストラしたがそれでも多くの藩士が自費で移動することになったとか、丸岡に移ってからも二度の大々的なリストラを敢行したなどの逸話が残っている。こうして財政難に苦しんだ丸岡藩の立て直しに尽力した名君として知られるのが、八代・誉純《しげすみ》である。奏者番・寺社奉行・若年寄と幕府の要職を歴任した彼は、藩政改革においても力を発揮した。

厳しい税の取り立てによって一揆を引き起こした反省から、その地域の有力地主に徴税を任せてしまっていた従来のシステムを、「郷会所」という複数の地主が連帯責任で税の取り立てを行うシステムに変えたのである。結果、地主たちはそれぞれ助け合いながら少ない負担で農民を救済することができるようになり、藩政はとりあえず安定した。

幕末の動乱においては十一代・道純が老中として外交問題に従事するなど、国難の時代に大きく関わった。しかし戊辰戦争が勃発すると速やかに上洛して新政府への恭順を示している。

越前国丸岡藩・有馬家

初代（日之江藩）有馬晴信（1567〜1612）
＝ 国姫（徳川家康養女）
二代（延岡藩）直純（1586〜1641）
……→ 四代（丸岡藩）清純（1644〜1703）
……→ 八代 誉純（1769〜1836）
……→ 十一代 道純（1837〜1903）

加賀国加賀藩・前田家

出自は菅原道真の子孫を公称したものの証拠はなく、諸説あってはっきりしない。尾張国の荒子城主として織田家に仕え、前田利家の代に織田信長の側近として活躍、能登一国を与えられるまでに飛躍した。本能寺の変で信長が死んだあとは、以前から親密な関係にあった羽柴（豊臣）秀吉の臣下に入り、豊臣政権の重鎮として加賀・能登・越中の三ヶ国を支配し、大きな役割を果たした。

秀吉の死から間もなく利家も亡くなると、その跡を継いだ嫡男・利長は早速危機に見舞われた。政権奪取のために好機を狙っていた徳川家康に目をつけられ、「謀反を起こすために城を直し、武器を集めているため、討伐する」と宣言されたのである。これに対して、利長は徹底的な恭順姿勢をとって生き残りを図った。

家老を派遣して家康に対して恭順を示し、さらに母・芳春院（大河ドラマ『利家とまつ』の主役である利家の正室・まつ）を人質として江戸へ送ったのである。のちに江戸幕府の治世においては諸大名の家族が江戸屋敷に置かれ、実質的な人質となったが、これはそのはしりといえる出来事であった。

利長の策はこれにとどまらず、「家康の子を養子としてもらい、二十万石と金沢城をその子に譲る」案まであったという。実際には芳春院を人質として送った利長の対応に家康が満足したのでこの計画は実現しなかったが、五大老の一角として本来は家康に劣らぬ存在であるはずの前田家が徹底して家康との戦いを避けたというところに、当時の家康がどれほど恐れられていたのか、が透けて見える。

こうした策が功を奏して、前田家は加賀・能登・越中の百二十九万二千七百石を領することになった。

利長が没すると、弟の利常が家督を継承して三代目となる。二代将軍・徳川秀忠が病の床についた頃、この利常に謀反の疑いがかかった。金沢城の垣根の修理、船舶の購入、大坂の陣で戦功をあげた者の子孫を取り立てたことから、「軍備の増強をしているのではないか」と幕府に目をつけられたのだ。そこで利常はすぐさま自ら江戸へ向かったが新将軍・家光に会うことはできず、家老が老中に繰り返し弁明することでどうにか疑いを晴らすことができた。

時は諸大名家が些細なことから次々と取り潰されていた江戸時代初期であり、前政権と深い関わりのある前田家はいつ取り潰されてもおかしくなかった。そこで、前田家は将軍家との婚姻・養子政策に奔走することで親密な関係を取り持とうと努力している。

利常の正室は秀忠の娘・珠姫で、嫡男の光高には徳川家光の養女・大姫（水戸徳川家出身）を迎え、また自身の娘を家光の養女とした。こうした努力と血のつながりが実を結んでか、前田家は江戸時代を通じて「一番大名」として御三家と並ぶ特別扱いを受け、厚遇を受け続けた。

それでもなお幕府の目が怖かったのか、利常は常に鼻毛を伸ばして阿呆を装い、幕府の油断を誘ったという。その一方で、息子の光高が城内に家康を祀る東照宮を建てると、「幕府の天下がひっくり返るようなことが起きたらどうするのだ、そういうものは城外の遠いところに祀っておくほうがよい」といった意味のことを語ったともいい、実際には視野の広い人物であったことがわかる。

利常は隠居に際して、次男の利次に越中国富山十万石を、三男の利治に加賀国大聖寺七万石を分け与え、これがそれぞれ富山藩・前田家と大聖寺藩・前田家として幕末まで続いた。

特に富山藩は病弱だったという二代・正甫《まさとし》の頃より薬学・医学の研究と奨励に熱心で、いわゆる「富山の薬売り」が全国を回って薬を売り、これが特産品となって苦しい藩の財政を大いに助けた。

これとは別に、利家の子で長く江戸幕府の人質となっていた利孝が大坂の陣の戦功を評価されて約一万石を与えられて上野国七日市藩前田家となり、幕末まで続いている。

五代・綱紀は学者肌の大名としても知られ、書物の収集や編纂、学者の招へいなどを熱心に行った。また親戚にあたる徳川光圀（いわゆる水戸黄門）の教えを受け、同じく学問好きで知られた五代将軍・綱吉にまねかれてたびたび江戸城で講義を行ったという。

これによって「加賀は天下の書府」とまでいわれたが、もしかしたらその背景には武力とは別の方向への熱心さを見せることで、謀反の疑いを未然に防ごうという生き残り戦術があったのかもしれない。

ただ、一方で綱紀は文化事業を推し進める中で「ぜいたく大名」とも呼ばれ、藩財政を悪化させた。時代が進む中でこの財政難は加速し、六代・吉徳は寵愛して取り立てた家臣・大槻朝元《ともとと》に倹約政策を推し進めさせた。しかしこの改革は小規模な合理化にとどまって大きな成果をあげることはできず、むしろ成り上がり者に対する強い反感を持った重臣層との対立を招いた。

この反大槻派の不満は吉徳の死後に爆発、彼を遠島の刑に処するとともに、彼と密通していたとされる吉徳側室・真如院が幽閉された。その後、朝元は自害し、真如院も亡くなっている（本人希望で首を絞めて殺された、とも）。これを「加賀騒動」というが、藩政改革を巡る革新派と守旧派（下士層と上士層）の対立から起きた典型的な御家騒動といえる。

幕末の動乱において、藩論は完全に佐幕派であったが、十三代・斉泰《なりやす》の嫡男・慶寧《よしやす》は長

加賀国加賀藩・前田家

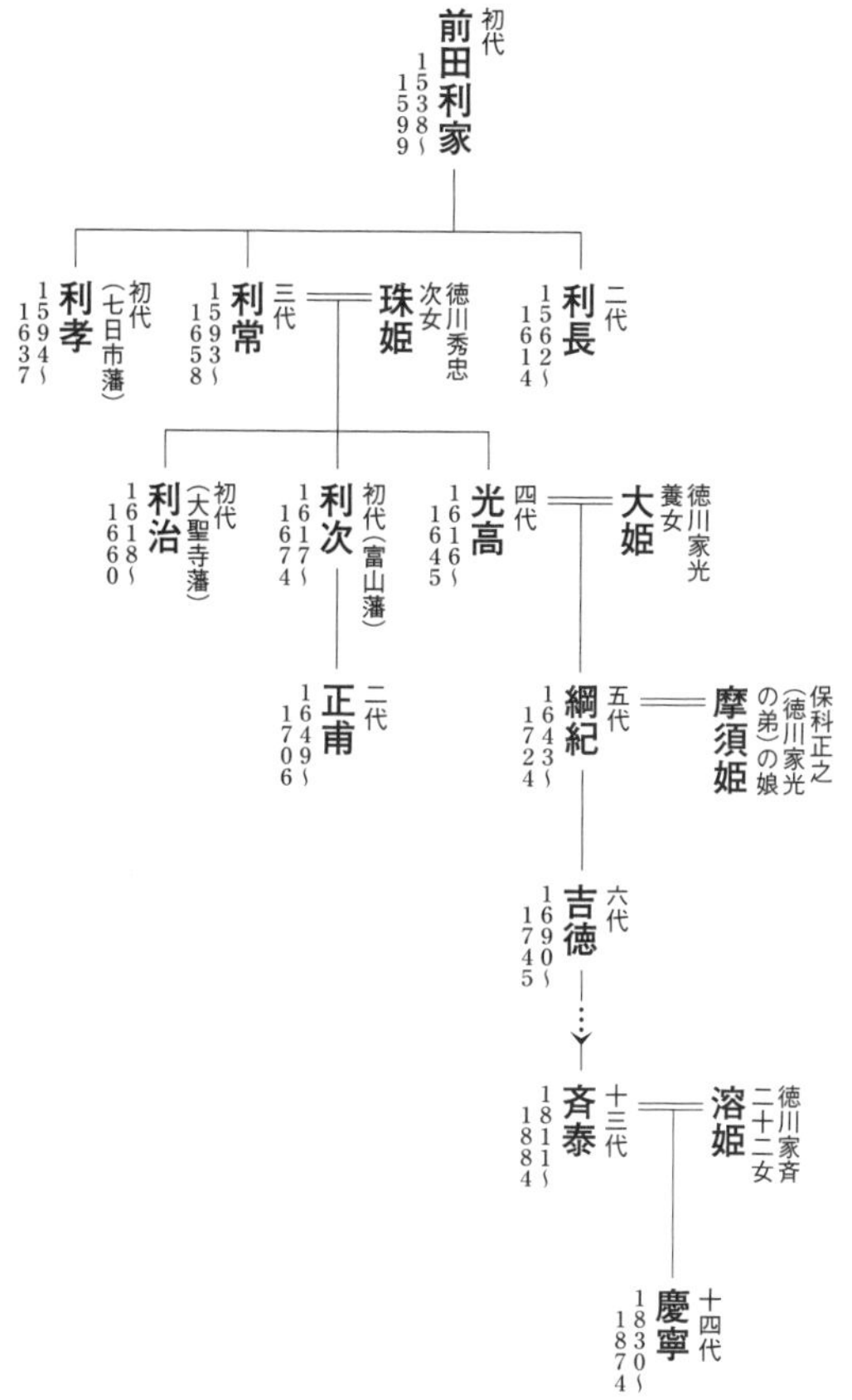

初代 前田利家 1538〜1599
二代 利長 1562〜1614
徳川秀忠次女 珠姫
三代 利常 1593〜1658
初代（七日市藩） 利孝 1594〜1637
徳川家光養女 大姫
四代 光高 1616〜1645
初代（富山藩） 利次 1617〜1674
初代（大聖寺藩） 利治 1618〜1660
保科正之（徳川家光の弟）の娘 摩須姫
五代 綱紀 1643〜1724
二代 正甫 1649〜1706
六代 吉徳 1690〜1745
徳川家斉二十一女 溶姫
十三代 斉泰 1811〜1884
十四代 慶寧 1830〜1874

州志士の影響を強く受け、周辺に尊王攘夷論者を集めるとともに、長州と幕府の間を取り持とうと画策した。しかしこれは上手くいかず、また禁門の変で長州が京を追われたあと、斉泰は慶寧を謹慎させ、尊王攘夷論者たちを皆殺しにして幕府への姿勢を示した。

その後、謹慎を許されて家督を継承した慶寧は、鳥羽・伏見の戦いにおいて幕府側に援軍を送ったものの（背景には将軍・慶喜との個人的親交があったという）、到着前に合戦の大勢が決まっていたため、すぐさま兵を戻して新政府への恭順を示した。その後は戊辰戦争に参加、東北諸藩との戦いで戦功をあげている。

伊勢国津藩・藤堂家

もとは近江国の豪族。出自は中原氏とも宇多源氏ともいうがはっきりしない。六角家・京極家・武田家・浅井家と何度も主君を変えた末、藤堂高虎のときに豊臣政権で頭角を現した。彼は秀吉の弟・秀長に仕え、その家が断絶したのちは高野山に籠もっていた人物だが、秀吉の強い要請を受けて大名として復帰した、という経緯がある。

優れた統治者として、また築城の名人として知られ、経歴からも豊臣政権を支えるべき人物だが、実際には家康との関係が深く、関ヶ原の戦いでも黒田長政らとともに西軍の切り崩し工作に活躍。外様大名ながら家康・秀忠の篤い信任を受けて、幕府の支配体制確立や各地の築城、家康を神と祀った日光東照宮の造営や、秀忠の娘・和子を後水尾天皇に入内させる際にも尽力したことから、最終的に津藩三十二万三千九百五十石を所領とした。

この津という地域は古くは「安濃津《あのつ》」と呼んだことから、安濃津藩ともいう。

また、三代・高久が家督を継承する際、弟の高通に五万石を分け与えて久居藩・藤堂家を設立させている。途中で本家の嫡流が絶えたこともあり、たびたびこの支藩から養子が迎えられた。

津藩の特徴として、まず「無足人制度」がある。これは農村の有力者の中から選ばれたものに武具の所持を認め（特に身分の高い無足人は苗字・帯刀まで認められた）、平時には治安維持をさせ、有事には戦力として活用するものである。ある種の農兵、武士と農民の中間の存在だと思えばわかりやすい。もともとの目的は土着の半農半兵的な農民を懐柔し、藩の勢力に取り込むのが目的であったと考えられるが、江戸時代を通じてこのシステムは維持され、幕末の動乱期には実際に戦力として活用されている。

それからもう一つ、忍び衆（伊賀者）――忍者の存在も特徴的である。津藩の領内にある伊賀は諜報・工作技能集団としての忍者の居住地の一つであり、高虎はこの地に住む人々を懐柔して家臣団に組み込み、情報収集や治安維持などに活用したとされる。

九代・高嶷《たかさと》と十代・高兌《たかさわ》の時期には、深刻な財政危機を背景に積極的な改革が試みられた。高嶷の代には困窮した農民を救済するために領民から金を集め、それを無利息あるいは低利息で貸し付ける「切印金制度」を行った。ところが、次第にこの制度で得た金を資金源として金儲けに走るようなものも出てきて、さらに凶作が長く続いたことから制度自体にも無理が出てきた。結局、津藩は領民から借りた金について「百年かけて返す」とせざるを得なかったのである。

また、村々の所有する田畑山林を人数で分配する均田政策も推し進めた。これはもともと存在した「田畑はすべて公権力の持ち物であり、一時的な借り物に過ぎない」という価値観にのっとったもので、「農民たちが困窮しているのは一部の豪農ばかりが土地を独占しているせいなので、均等にしてしまえば解決するだろう」という理屈だった。しかし豪農たちにすればせっかく得た土地を取り上げられるなど黙っていられるはずもなく、激烈な反撥が返ってきた。結果として、三万人の一揆勢が津城に押し寄せる事件に発展し、藩は政策を撤回するしかなくなってしまったのである。

一方、その跡を継いだ高兌は、改めて農民救済のための備蓄施設の設置や、財政の再建、二つの藩校の設置（有造館と崇広堂）などの多方面の改革に取り組んだ。特に、儒教精神にのっとった改革を進めるにあたって、自ら普段は絹ではなく綿の服を着るなどして改革・倹約の先頭に立つ姿勢を示したこともあり、名君として讃えられた。

幕末の動乱期には保守派の上士層が主導権を握り、幕府・朝廷の双方と気脈を通じて「勤王佐幕」「公武合体」をかかげて、日和見的中立主義の姿勢で臨んだ。鳥羽・伏見の戦

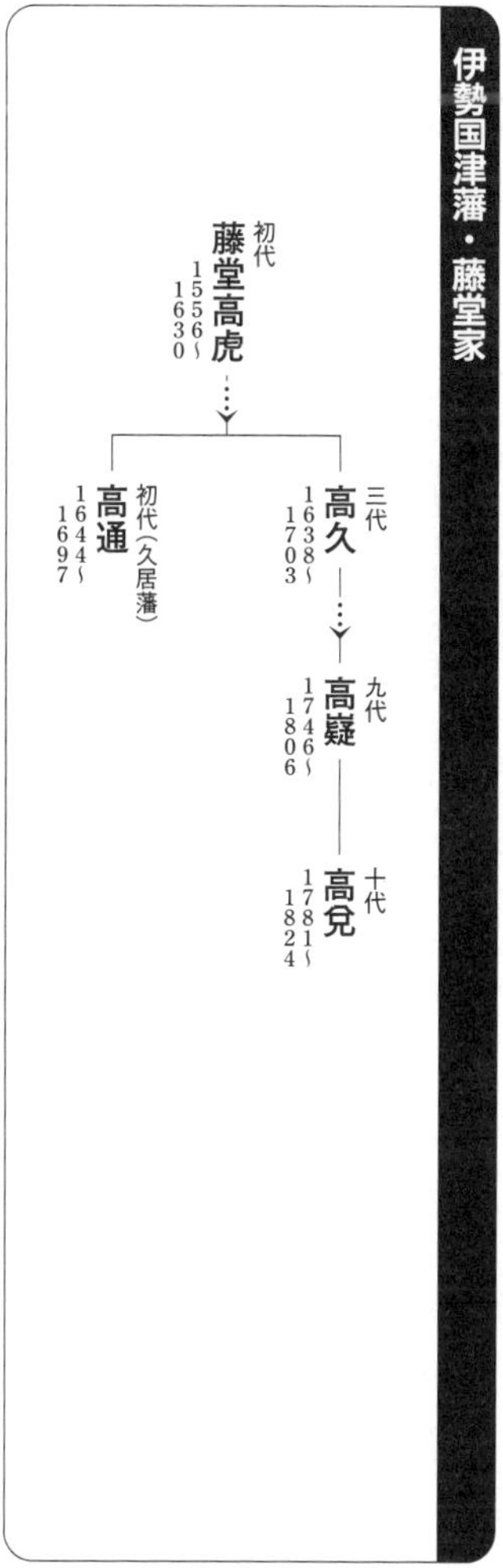

いには旧幕府軍として参加したのだが、突如として裏切ると新政府軍についた。

この際の津藩の振る舞いは、かつて「武士たるもの七度主君を変えねば武士とは言えぬ」と言い放った初代・高虎のそれとそっくりだとして、旧幕府軍から激しく憎まれたともいう。しかし、この裏切りが数に劣る新政府軍を勝利させた大きな要因であることは間違いなく、津藩は自身が生き残るために見事なタイミングで決断した、ともいえる。その後は新政府軍の先鋒として戊辰戦争を戦い、明治時代を迎えている。

河内国狭山藩・北条家

戦国時代に関東地方を席巻した後北条家（小田原北条家）の祖・北条早雲は、もともとは一介の浪人「伊勢新九郎」であった――というのが長く通説だった。それが姉の嫁ぎ先である東海の名門・今川氏の内乱を治める過程で頭角を現し、関東に進出して、ついにその末裔が関東を支配した、というのである。

だが、近年の研究によると、彼は平維衡《これひら》の子孫で備中国荏原荘に所領を持った足利氏譜代の重臣、伊勢氏の出身とする説が有力になっている。早雲自身も足利将軍の意志をバックに背負った形で今川氏の内乱に介入、やがて独自の動きを見せるようになったという。だが、こうして成長した北条氏も、五代目の氏直の代になって豊臣秀吉の大軍に圧倒され、攻め滅ぼされてしまった。この際、氏直は自害を申し出たものの和平に尽力していたことから許され、代わって父・氏政や重臣たちが自害している。その後、氏直や同じように和平派だった叔父の氏規は高野山へ追放されていたが、やがて許されてそれぞれ所領を与えられ、北条家が再興されることになった。

氏直の死によって北条氏の嫡流は途絶えたが、その所領の一部は氏規の子・氏盛（北条家滅亡前、氏直の養子になっている）に受け継がれ、氏規の所領と合わせて一万一千石を得た。関ヶ原の戦いでは東軍に付いたためにこの所領は守られ、河内国狭山藩（後に一万石に）・北条家として幕末まで続いていった。

また、支流として遠江国掛川藩の北条家がある。こちらは氏直の三代前、氏綱の娘を妻にした北条綱重を祖とする家で、小田原征伐に際して徳川家康に降伏し、徳川家臣団に加わった。そのため、家格は譜代である。次々と転封となった末に掛川藩二万石に落ち着いたが、氏重（生母は家康の異母妹）が子どものないまま死に、そこで断絶となっている。

八代・氏彦の代には「狭山騒動」——中・下級藩士たちによる藩政改革要求が巻き起こっ

ている。この事件の原因は先代の頃に遡る。七代・氏貞は藩政に無関心な人物であったとされ、彼に代わって藩政を独占する「小田原以来の」古い血筋を誇る重臣たちは、御用商人たちと結託して自らの利益を追求し、腐敗の限りを尽くした。

こんな状況で藩政がうまくいくはずがない。氏貞もまずいと思ったのか藩政改革に乗り

河内国狭山藩・北条家

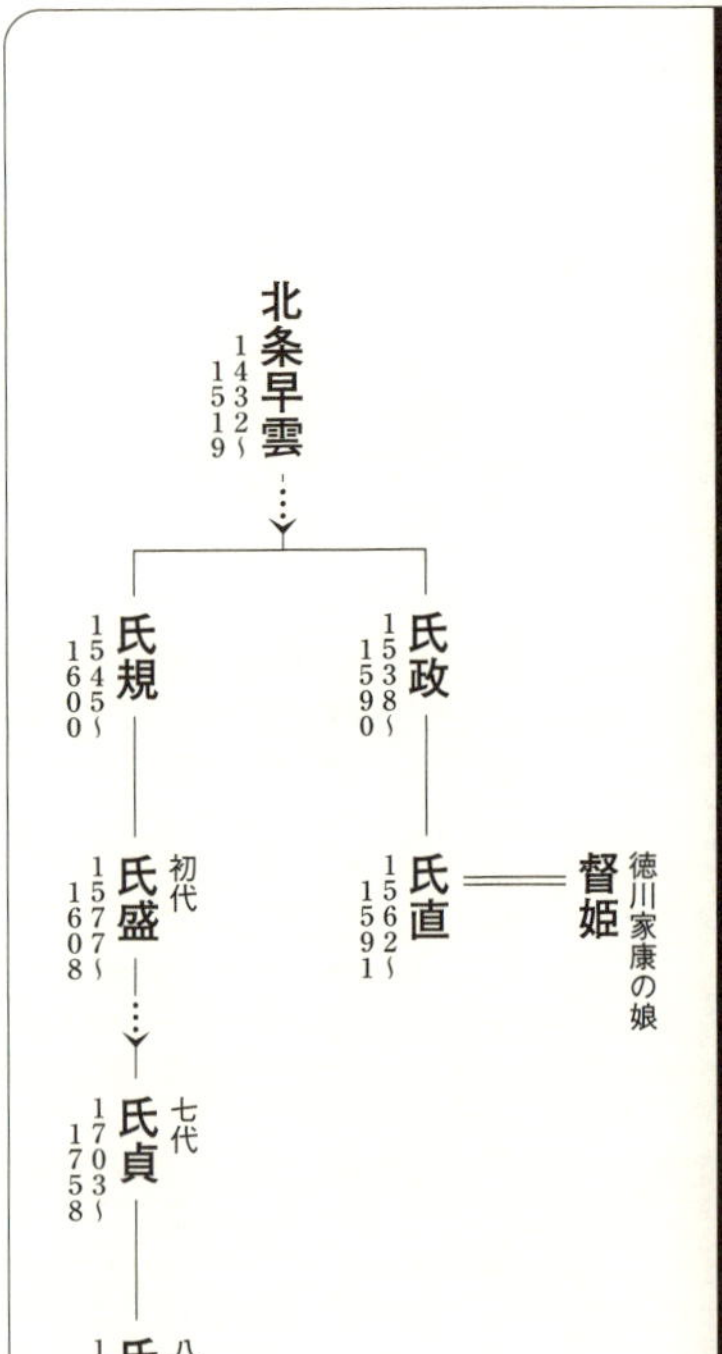

出したがうまくいかない。その跡を継いだ氏彦も改革を志したが弱冠十七歳とあっては統率力が足らない。かくして不満を爆発させた藩士たちは改革案を提出し、氏彦もこれを受け取って是とした。ところが改革はなかなか進まず、改革派の中心人物は殺害あるいは切腹に追い込まれてしまったのである。

財政問題も深刻だった。軍事費の積み立て、上米（家禄のうちいくらかを返還すること）、倹約、特産品の凍豆腐や高野豆腐の専売などの財政再建策は行われていたものの大きな成果をあげることはなく、むしろ幕末の動乱に対応する中で、軍事費がかさんでいった。

戊辰戦争においては新政府側について処分を受けることはなかったものの、財政問題はどうにもすることができず、ついに諸藩に先駆ける形で版籍奉還をすることとなった。

因幡国鳥取藩／備前国岡山藩・池田家

出自には諸説あるが、清和源氏・源頼光の末裔が美濃国池田郡池田荘に居住したのが始まりであるという。池田家は恒興《つねおき》の頃に台頭し、彼は母・養徳院が織田信長の乳母を務め、乳兄弟として育ったことから側近として厚遇され、信長が倒れた後は羽柴（豊臣）秀吉に味方した。ところが、その恒興が小牧長久手の戦いにおいて嫡男・元助とともに討ち死にしてしまったため、次男の輝政が跡を継ぎ、美濃国岐阜十万石（のちに三河国吉田十万石）の大名として豊臣政権でも重要な位置を占めた。

輝政は秀吉から羽柴・豊臣の姓を許されるなど、本来は親豊臣派の大名であった。しかし、秀吉の死後は家康に接近するようになり、家康の娘・督姫を継室として迎えている。

こうした関係から関ヶ原の戦いでは積極的に徳川家康に味方し、播磨国に五十二万石を与えられた。しかも備前・美作に入った小早川家が断絶したため、備前二十八万石が輝政の次男・忠継に与えられた。また三男・忠雄に淡路国六万石、輝政の弟である長吉に因幡国鳥取六万石が与えられたため、合計で九十二万石を超えた池田氏は「西国将軍」、また輝政の官職から「姫路宰相百万石」などと呼ばれた。

池田家が外様大名であるにもかかわらずこれだけ厚遇されたのは、忠継・忠雄兄弟の母親・督姫が家康の次女――すなわち、忠継・忠雄が家康の外孫にあたる存在であり、輝政が「神君の婿」であったために他ならない。

輝政の死後、嫡男の利隆が所領のうち四十二万石を継承したものの、それからわずか四年のうちに亡くなってしまう。跡を継いだのは嫡男の光政(母は徳川秀忠の養女)であったが、八歳とまだ幼かったので因幡・伯耆《ほうき》三十二万石へ移され、鳥取藩主となった。一方、備前国岡山の忠継は三十一万五千石余りの所領を有していたが、嫡男・光仲がまだ三歳の時に亡くなってしまう。そこで、この時二十四歳の青年となっていた光政と所領が入れ替えられた。以後、光政系の血筋が岡山藩・池田家として、光仲系の血筋が鳥取藩・池田家として、それぞれ幕末まで続いていくことになる。

複雑になったのは、備前・岡山・播磨といった中国地方の付け根にあたる部分が、薩摩の島津家・あるいは長州の毛利家といった有力な外様大名が複数存在する西国から近畿地方への入り口であったためと思われる。もしもの場合にはここで踏ん張って京や大坂といった重要地域を守ることのできる大名を置きたかったと考えると年若い大名を嫌った幕府の思考が理解できるのだ。実際、池田家が転封した後の播磨国姫路藩には、本多家・松平家・榊原家・酒井家といった譜代大名が入っており、外様は一度も入っていない。

また、池田氏には庶流・支藩の大名も多く、因幡国鹿野藩・池田家三万石(光仲の次男・仲澄が祖)、因幡国若桜藩・池田家二万石(光仲の四男・清定が祖)、備中国鴨方藩・池田家二万五千石(光政の二男・政言が祖)、備中国生坂藩・池田家一万五千石(光政の三男・

輝録《てるとし》が祖）、播磨国山崎藩・池田家三万石（光政の弟・恒元が祖。この所領を与えられた後、もともと分与されていた所領を兄に返却しているため、支藩ではない。三代目で跡継ぎがなく、断絶）、備中国松山藩・池田家六万五千石（鳥取藩から移った長幸の家系、支藩ではない。末期養子が許されずに二代で断絶）、播磨国赤穂藩・池田家三万五千石（輝政の五男・政綱が入り、その死後に六男・輝興が継いだが、突如狂乱して正室を殺害、改易された。支藩ではない）があった。

岡山藩史上で「名君」として名が挙がるのは、なんといっても光政である。彼はその治世において数度にわたる大きな改革を行い、特に陽明学者・熊沢蕃山《ばんざん》（自然破壊を警告する「天人合一」などの思想を唱え、晩年には再三幕政改革の提案をしたために幽閉された）を登用して教育・思想・宗教面の刷新を行い、質素を旨とする「備前風」と呼ばれる家風を確立させた。

さらに、時の将軍・家光に厚く信任され、外様大名でありながら（もともと池田家は特別扱いの家であるのだが）たびたび幕政についての意見を求められたという。

しかし、以後は洪水や凶作などの天災などもあって年貢収入が頭打ちになったこと、また幕府関連の出費の増大もあって、岡山藩も財政危機に陥った。そのため、代々の藩主も倹約や儀式の簡略化などで改革を図ったが、なかなか抜本的なものにはならなかった。

一方の鳥取藩は先述したような事情から、当初は幼い当主・光仲の代わりに家老たちが合議制で藩政を主導したが、やがて成長した光仲は首席家老を失脚に追い込むなどして家老たちを抑え込み、自らの親政によって統治機構を整備していった。また、この頃に神君家康を祀る東照宮を鳥取へ勧請しているのだが、これも自らの先祖である家康の権威によって藩主の権威を増大させようという思惑だったと考えられる。

しかし、鳥取藩もまた光仲の治世の後期にはすでに莫大な借金があり、これは江戸時代を通じて増加していった。そのために請免制（それまでの収穫によって税率が変化する方式と違い、税率を固定する定免制の別名。庄屋が徴税を請け負うため、鳥取藩ではこう呼んだ）を実施したが、これが原因になって大規模な一揆も起きている。

幕末期、岡山藩・鳥取藩はともに御三家の一つである水戸藩主・徳川斉昭の子を迎えていた。岡山藩の十一代・茂政と、鳥取藩の十四代・慶徳である（それぞれ最後の将軍である慶喜の弟）。水戸藩は尊王攘夷思想の中心的存在であり、両者もそれぞれに尊王攘夷的姿勢を見せたが、討幕ではなく尊攘翼覇（幕府を補佐した上で尊王攘夷的行動を目指す）をかかげていた。このある種中立的な態度のために長州藩を擁護するような振る舞いをしばしば見せたが、一方で幕府や過激な尊王攘夷論者からは責められることもあった。また、鳥取藩では尊王攘夷派と保守派の激しい対立をもたらして、京で尊王攘夷派による保守派

因幡国鳥取藩／備前国岡山藩・池田家

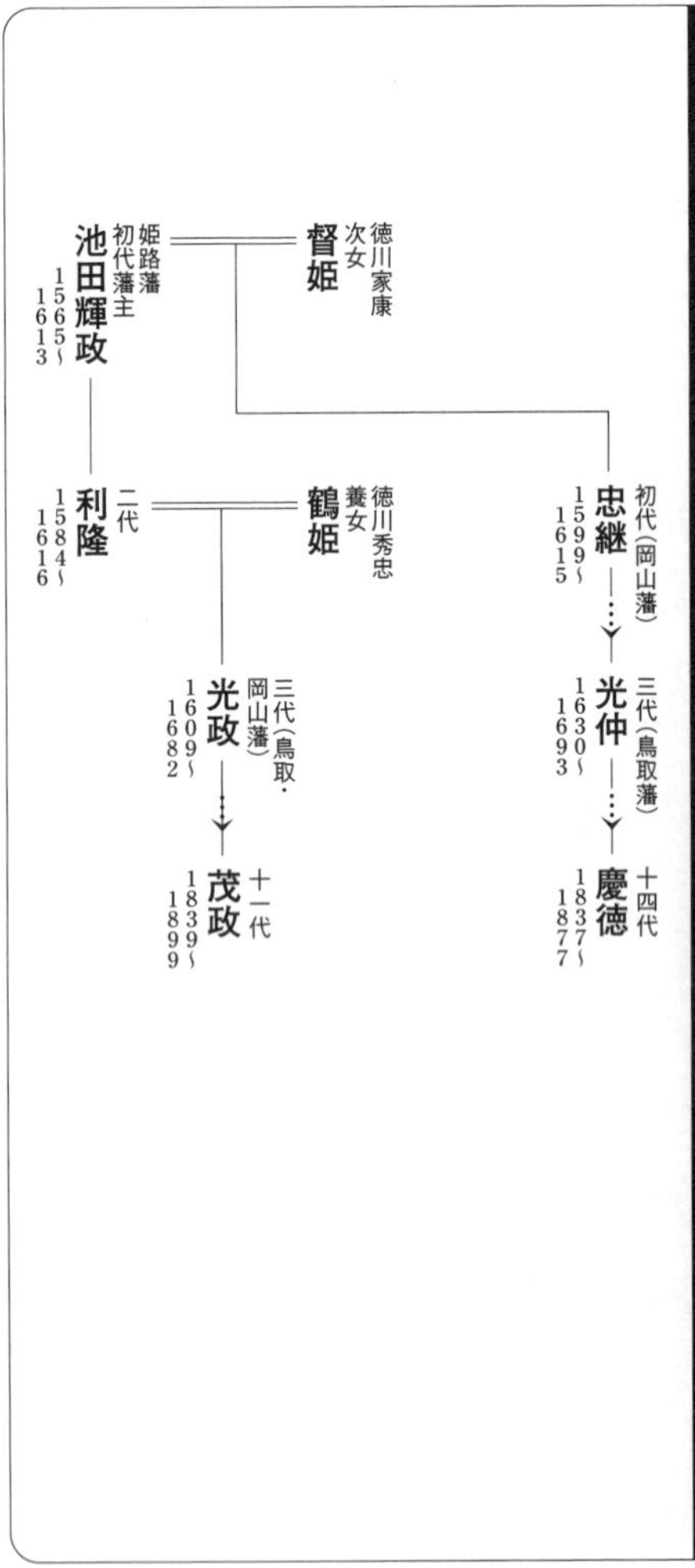

の暗殺事件（本國寺事件）なども起きた。さらに、鳥取藩では第一次長州征伐をめぐっても再び藩論が分裂し、長州出兵を決めた慶徳の意志に反して、尊王攘夷過激派によって側近が殺害される事件まで起きた。以後、政治への熱意を失った慶徳ではあったが、鳥羽・伏見の戦いにおいては家老の決断により薩摩・長州以外では初の新政府側への参戦藩となっている。

一方、岡山藩の茂政は朝廷と幕府の板挟みになった末、備中国松山藩に対して攻撃命令が下ったことを機についに決断、新政府側について戊辰戦争へ兵を送った。しかし兄への義理立てから自ら出陣はせず、家督を支藩である鴨方藩主・章政へ譲っている。

石見国津和野藩・亀井家

熊野神社の神職の一族が紀伊国亀井に住み、その地名を名のったことから始まる。その後、出雲国に移って、戦国時代に中国地方の二強として覇を唱えた尼子家の家臣となった。亀井秀綱が討ち死にしたことによって一時断絶したが、残された二人の娘のうち一人が湯進十郎茲矩《これのり》の妻となって、茲矩が亀井家を継いだ。

尼子家が毛利家に攻め滅ぼされたのちは、秀綱のもう一人の娘を妻とした山中幸盛（鹿之助）とともに尼子家復興運動を繰り広げた。しかし山中は戦いの中で死に、茲矩は織田家の中国方面軍団を統括する羽柴（豊臣）秀吉の軍団に組みこまれて毛利家との戦いをつづけた。この頃、因幡国気多郡に一万三千八百石を与えられている。

この茲矩をめぐる、ちょっと面白いエピソードがある。彼は本能寺の変後も秀吉の家臣として活躍するが、その中で毛利家と秀吉が和睦したため、かつて秀吉が茲矩に約束していた「出雲国を与える」ことが不可能になってしまった。それを気に病んだか、秀吉が「どこか所領として欲しい場所はないか」と問うたところ、茲矩が「日本において望むのはもうありません、願わくば琉球（沖縄）をください」といった。そこで秀吉は琉球守の官職を与え、また証拠として「亀井琉球守殿」と書いた扇を渡した、という。

とはいえこの時代、官職と領地が無関係になっていたのはすでに紹介したとおりであり、実際に亀井家が琉球を領地としたことは一度もない（実際に琉球関係の対応をし、のちに従属体制にしたのは薩摩藩の島津家）。

関ヶ原の戦いでは東軍に与し、戦後に加増されて三万八千石余りとなった。その後、二代・政矩《まさのり》の時には五千石を加増されていたが、大坂の陣で活躍した功によって石見国津和野四万三千石へ転封された。

政矩は三十歳で急死してしまうのだが、跡継ぎの茲政《これまさ》はわずか三歳で、家督継承の資格なしとしてお家断絶になってもおかしくない状況であった。時代は江戸時代初期、幕府によって多くの外様大名が取り潰されていた頃のことである。この際は、茲政の母（譜代大名の松平家出身）が機転を利かせ、「息子は十五歳ですので、十分に家を継ぐ資格があります」といった意味の嘘の届け出をしたことによって危機を回避できたという。

さらに、幼い主君・茲政を取り巻く津和野藩の重臣たちには、かつて亀井家と同僚であった尼子家の旧臣が多く、彼らはたびたび派閥抗争を起こした。しかし、茲政を補佐して改革を進めてきた多胡真清《たごさねきよ》と、これに反撥する多胡勘解由《かげゆ》とが激しく対立した際、勘解由が幕府の介入を受けて処分されると、ようやく藩政は安定を見せ始めた。

特産物として紙があり、徹底した殖産興業や紙によって税を納めることを許可した政策などの結果として大きく増産され、藩財政の助けとなった。ところが津和野藩の財政は初期より困窮が続き、厳しい倹約や農政改革によって一時好転するも、うち続く凶作や幕府に課せられた役目が重しとなって、再び悪化の一途をたどった。

そうした中で藩主となり、動乱の幕末期に津和野藩の舵を取ったのが十二代・茲監《これみ》である。久留米藩・有馬家より養子として入った茲監は有能な人材を藩政の中心に引き上げると改革を断行し、窮乏していた藩財政を再建することに成功した。また西洋の技術や学問を取り入れる一方で国学も振興した。

長州藩と隣接する位置関係から二度の長州征伐で出兵を命じられたが戦うことはなく、鳥羽・伏見の戦いにおいては新政府側で参戦している。

石見国津和野藩・亀井家

初代 亀井茲矩（1557～1612）――二代 政矩（1590～1619）――三代 茲政（1617～1681）……→十二代 茲監（1825～1885）

安芸国広島藩・浅野家

清和源氏・源頼光の末裔である土岐氏から分かれたというが、このあたりの経緯については諸説あってはっきりしない。浅野長政の頃には織田信長に仕えていたが、彼の妻が羽柴（豊臣）秀吉の妻である高台院の妹であったことから秀吉と親しく、のちに彼の与力となって主に内政面で活躍した。豊臣政権が成立すると長政は五奉行の筆頭となり、さらに奔走している。秀吉死後の動乱の中では、以前から囲碁を通じて親交があった徳川家康に味方し（長政の死後、家康は囲碁を断ったという）、関ヶ原の戦いにも参加。戦後、嫡男・幸長が紀伊国和歌山に三十七万六千石余りを与えられている。

彼が病没した際には後継者がいなかったが、家康の命によって弟の長晟《ながあきら》が跡を継いでいる。その後、広島藩・福島家が改易されたことからその後に入り、安芸国広島藩四十二万六千石余となった。幕府が福島家の後釜に浅野家を選んだのは、もともと親交が深かったことに加え、長晟が家康の娘である振姫を正室に迎え、さらに縁深くなっていたことが理由だという。

支藩としてはまず三代・長晟の庶長子である長治を祖とする三次藩五万石があるが、これは五代継承したところで十一歳の当主・長経が没し、末期養子の十六歳制限に引っかかる形で無嗣断絶となった。また、六代・綱長の三男である長賢は蔵米三万石を分け与えられる形で広島新田藩となり、こちらは明治まで続いている。さらに、長政の三男である長重が関ヶ原の戦い後に大名に取り立てられ、下野国真岡、常陸国真壁・笠間藩を経て、息子・長直の代に播磨国赤穂藩に定着した。しかし、四代・長矩（内匠頭）のときにいわゆる「忠臣蔵」の題材になった「元禄赤穂事件」を起こし、改易となっている。

藩政改革はまず七代・吉長の頃に試みられた。この際は藩庁機構の整理と官僚制の強化、商工業に対する統制の強化などを図った。しかし、そのうちの一部である農村に対する支配力の強化については、税がさらに重くなることを嫌った農民たちによる一揆が勃発したので、撤回せざるを得なかった。一方、改革を成功させて浅野家史上に名高い名君と讃えられたのが、九代・重晟《しげあきら》である。彼は自ら率先して徹底的な倹約・緊縮政策を行うことで支出を減らし、また飢饉対策として領内の村々に社倉（備蓄倉庫）を作らせた。彼の治世には天災が相次いで百姓一揆・打ち壊しの起きた時期もあったが、重晟の政策が藩の財政危機にある程度の効果をあげたことは事実である。

幕末期には地理的な事情から幕府の対長州攻撃の前線基地として扱われたが、その一方で幕府と長州の間に立って講和を模索したり、出兵を拒否したりという動きが目立った。薩長同盟成立後は土佐藩と同じく討幕の密約を結ぶ一方で将軍・徳川慶喜に政権奉還を提案し、大政奉還への道筋をつけている。

安芸国広島藩・浅野家

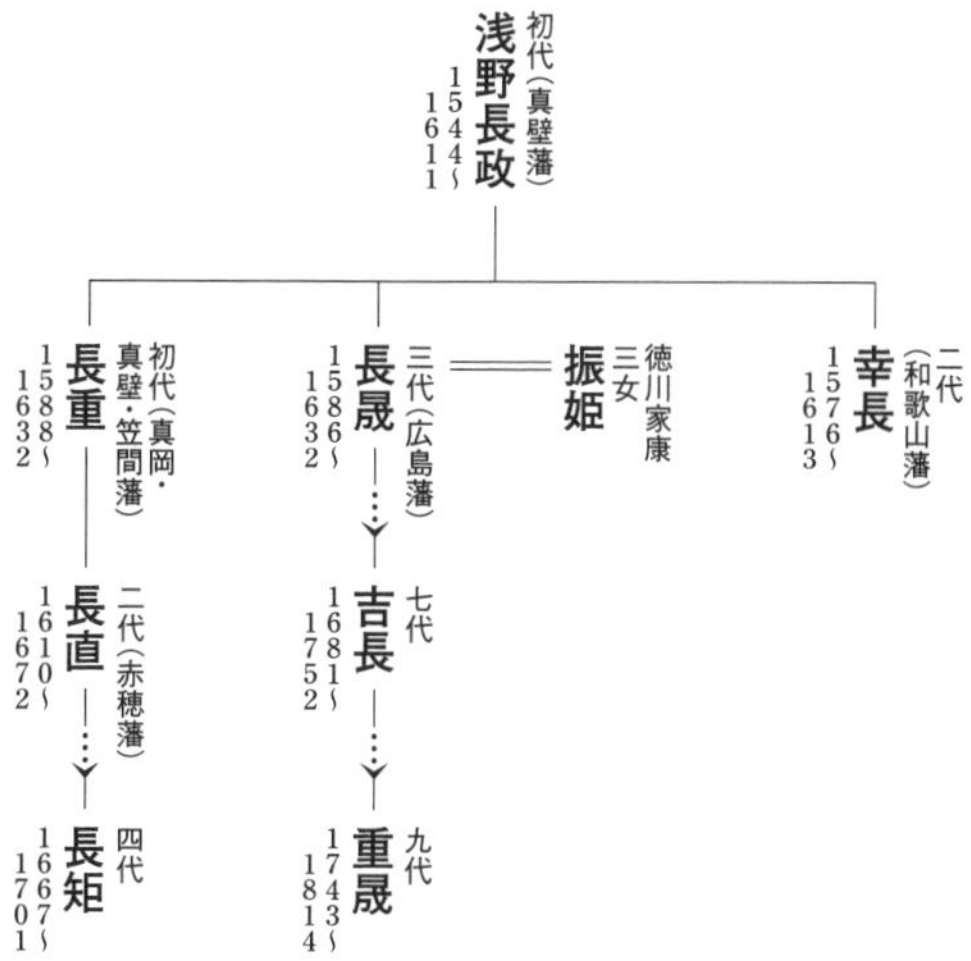
初代（真壁藩）
浅野長政
1544〜1611
二代（和歌山藩）
幸長
1576〜1613
徳川家康三女
振姫
三代（広島藩）
長晟
1586〜1632
七代
吉長
1681〜1752
九代
重晟
1743〜1814
初代（真岡・真壁・笠間藩）
長重
1588〜1632
二代（赤穂藩）
長直
1610〜1672
四代
長矩
1667〜1701

長門国長州藩・毛利家

毛利氏の祖は鎌倉幕府初期の重鎮として活躍した大江広元の四男・季光で、その本拠が相模国毛利荘であったことがその名の由来となる。やがて安芸国に定着した毛利氏はこの地方の有力な国人になるも、戦国時代には大内・尼子という中国地方の二大勢力に挟まれて立ち回りに苦労した。

しかし、毛利元就の代になって急速に勢力を拡大し、大内・尼子の両者を滅ぼして中国地方の覇者となる。また、元就はもともと同格の国人だった吉川・小早川の両氏に次男の元春と三男の隆景を養子として送り込んで乗っ取り、両者に毛利本家を補佐させる「両川体制」を作り上げた。

元就の跡を継いだ孫の輝元は羽柴（豊臣）秀吉率いる織田家の中国侵攻と戦い、本能寺の変後は秀吉と手を組んで彼の天下統一を助け、中国地方八ヶ国に百十二万石という広大な所領を持つ大大名として厚く遇された。

関ヶ原の戦いにおいては、石田三成によって輝元が西軍の総大将として担ぎ上げられたものの積極的な働きを示すことはなかった。注目すべきは、毛利家という巨大集団の内部で意見対立が起こっていたことだろう。

親三成派（あるいは反家康派）の筆頭は安国寺恵瓊《えけい》という僧侶であった。もとは安芸武田家の出身である彼は、毛利家に家を滅ぼされて僧侶となり、やがて毛利家の外交僧となって活躍した。特に秀吉との交渉で大きな役割を果たしたことから、彼の信任を受け、僧侶でありながら同時に大名としても活躍した。このような人物であるから、関ヶ原の戦いにおいては早い時期から三成と意気を通じさせ、輝元を総大将として担ぎ上げるのに尽力することとなる。

一方、親家康派の代表格は吉川広家である。毛利一族内の重鎮である彼は、豊臣政権内の武断派諸将と親しく、三成ら文治派とは険悪だった。そのため、恵瓊が輝元を西軍総大将として担ぎ上げるのを阻止しようとしたが、これはかなわなかった。そこで広家は黒田長政らを通じて家康と内通し、毛利軍が不戦を貫く代わりに戦後の処分をしない、という約束を取り付けた。

おそらくはそれぞれに毛利家を守るために自らの信じるところを貫いたこの両者の行動

が、関ヶ原の戦いを今私たちが知るようなものにしたのだから、これも歴史の皮肉というしかない。

実際の合戦では、名目上の総大将である輝元は大坂城を動かず、代わって従弟の毛利秀元が毛利軍の指揮をとり、東軍の背後をうかがう南宮山に陣取った。ところが、合戦が始まっても先鋒である広家と福原広俊の両名が動こうとせず、結果として毛利軍を含む南宮山周辺の西軍すべてが動けないまま、合戦の終了を迎えることになった。

ただし、毛利家にとっての（そして家康にとっても）関ヶ原の戦いはここでは終わっていなかった。なぜなら、大坂城にはまだ輝元がいたからだ。彼が秀吉の遺児である秀頼をかかげて家康との徹底的な敵対を宣言すれば、東軍に参加している豊臣恩顧の大名たちがどう動くかわからない。そうでなくても、戦いが長引けば各地の大名たちが独自の動きを見せ、情勢はより複雑に変化していったことだろう。

しかし、輝元はごくあっさりと退城を決断、大坂城をあけわたしてしまった。その背景としては、徳川方からの「毛利家は巻き込まれただけで、首謀者が三成ならば、大人しく城を出てくれれば一切の処分をしない」という働きかけがあり、福島正則や黒田長政といった豊臣系の武将から本多忠勝のような徳川の重臣まで、様々な人々による誓詞の存在があった。輝元自身の優柔不断な性格が現れている、という見方もできるだろう。

なんにせよ、この約束が守られていれば毛利家は九ヶ国にまたがる百二十万石の大大名として江戸時代に突入することになるはずだった——しかし、それはまったくもって甘い予想でしかなかった。大坂城に入った徳川勢は、輝元が積極的に西軍側として振る舞った証拠となる書類を見つけ出し、「輝元はただ巻き込まれただけではなく、よって約束は無効である」としたのである。

結果、毛利家は所領のすべてを没収され、「徳川方に立って尽力した」広家に周防・長門の二ヶ国が与えられることになった。あくまで毛利本家のために働いていたつもりだった広家にとっては青天の霹靂であったはずだ。結局、広家の必死の働き掛けにより、彼に与えられるはずだった周防・長門二ヶ国三十六万九千石がそのまま毛利家のものとなったが、広家の心中たるや、いかばかりだったろうか。

これを家康の悪辣な策略と見ることもできるが、実際には毛利側の対応があまりにも稚拙であったとみるべきだろう。意見統一ができないままに合戦に突入し、弱みを残したままに和平を結び、挙句にそこを突かれて所領を没収されました、では笑い話にもならない。

結局のところ、毛利家は天下分け目の戦いにおいて舵取りをしくじったのだ。この時の恨みから、正月の挨拶で家臣が「今年こそ幕府に反乱を起こしますか」と問いかけて当主が「まだ時期尚早」と答えるのが定例化したという伝説があるが、真偽は不明である。

輝元は養子の秀元に長門国長府三万六千石を、次男の就隆《なりたか》に周防国徳山四万五千石を分け与え、それぞれ支藩とした。さらに、長府藩からは清末藩一万石が分かれ孫支藩となっている。

これに加えて吉川広家も周防国岩国に三万石を分け与えられているが、江戸幕府から大名として認められることはなかった。しかし家督相続時や将軍の代替わりなどには江戸へ参勤し、大名並に各種の義務を負うなど、特殊な位置にはあったようだ。また、明治には岩国藩として認められている。

これら支藩と本藩の力関係は微妙なものがあったようで、秀元と就隆が幕府より独自に領地朱印状を得て（＝自身の所領を毛利本家から与えられたものではなく幕府から直接与えられたものとすることで）独立を画策したり、長州藩に与えられた賦役への負担を求められて拒否したりといった確執・対立が起きた。

これがさらなる大問題に発展したのが、五代・吉元のときである。彼は四代・吉広が後継者を残さずに没してしまったために長府藩毛利家より養子として入ったのだが、本家の断絶と分家出身の大名の誕生は毛利家全体に大きなショックを与え、そのせいか彼の治世下では様々なトラブルが起きた。

まず、長州藩と徳山藩の対立があった。きっかけとなったのは両藩の境界地域での松の木の伐採を巡るトラブルで、これが意見の食い違いから激しい対立に発展し、ついに幕府の介入によって徳山藩が改易されるに至った。その後、徳山藩の旧臣たちによる必死の再興運動が八代将軍・徳川吉宗の目に留まる形で徳山藩は再興されている。

続いて、岩国領内の農民たちが一揆を起こし、長州藩への編入を願い出る事件が起きた。これが長州藩と岩国領の対立に発展したものの、やはり幕府による介入によって農民たちの訴えは取り下げられ、一件落着となった。

さらに、長府藩の断絶を巡る問題でも、トラブルが起きている。吉元は自身が長州藩主となるにあたって長男の元朝を長府藩の後継者にし、三男を長州藩の後継者と決めていたのだが、その三男が亡くなると既に長府藩を継いでいた元朝を長州藩の後継者へ移し、代わって弟の元矩を長府藩主としていた。これだけでも非常に強引な措置だったが、その元矩まで死んでしまって長府藩が断絶すると、清末藩に統合する形で実質的な長府藩の再興を行ったのである。この結果、旧清末藩家臣団と旧長府藩家臣団の対立が勃発し、後者の家老らが藩を離れる事件にまで発展した（のち、清末藩は再興されている）。

これらの一連の事件は幕府の権威を背景に支配力を振りかざす本藩藩主と、独自性を企図する支藩藩主との対立に根ざし、それぞれ深刻な問題となったのである。

他藩と同じく、長州藩にとっても財政危機とそれを補うための借金の増大は深刻であった。そこで長州藩を立て直した名君とたたえられる七代・重就《しげなり》が設置したのが「撫育方」である。藩政改革部隊として作られたこの部署は、新田・塩田の開拓や港の設置などを行い、さらには瀬戸内海の入り口という海上交通上の要地であることを生かした商人相手の倉庫・金融業にも手を出して、大きな利潤を出した。撫育方は幕末までこうした活動を続け、のちに長州藩が幕末の動乱に対応していくための財源となった。

その後の藩主たちも長州の代表的な特産物である米・紙・蠟・塩の「長州四白（すべて白いことから）」の専売などの政策によって財政の健全化を目指したが、これは農民たちの不満を煽ることになり、天保年間には大一揆が勃発して藩政に多大なダメージを与えた。

そんな中で長州藩の財政立て直しにある程度の功績をあげたのが、十三代・敬親《たかちか》が村田清風に行わせた天保期の改革である。この改革は一揆の理由になった専売制の統制を緩める一方で、殖産興業・財政再建・洋学や西洋式軍備の導入などを推し進め、また藩や藩士が商人たちからしていた多額の借金を長期間かけて払う形にして（実質的な踏み倒し）、財政問題にも一定の成果をあげた。これらの政策は幕府や大商人と対立する部分があったため、清風はやがて辞職することになるが、その後もこれを継承する形で周布《すふ》政之助による安政の改革が行われ、長州藩は雄藩と呼ばれるのに相応しい力を獲得していったのである。

幕末の動乱期当初は長井雅楽《うた》の航海遠略策――積極的に海外へ打って出るべし、という開国案を打ち出した。しかし、実際に対外貿易が始まってみると国内の経済はたちまち混乱してしまったので「開国したのが問題だ」となって、尊王攘夷論が活発となった。こうした長州藩の尊王攘夷論をリードしたのが、久坂玄瑞・高杉晋作・桂小五郎といった吉田松陰の松下村塾で学んだ門下生とその関係者たちである。

尊王攘夷の急先鋒となった長州藩は盛んに調停工作を行って攘夷実行を画策。さらに、そうして決まった「攘夷期限」の一八六三（文久三）年五月、実際に下関を通る外国船を攻撃する事件まで起こした。この頃に藩庁を山口に移し、以後は山口藩とも呼ばれる。

しかし八月、公武合体派の政治工作によって長州藩側の勢力は京より追われ、逆転を狙って京を武力攻撃した翌年七月の禁門の変でも長州藩は敗れた。さらに、幕府による第一次長州征伐の危機が迫った。しかしこの際の幕府側は直接攻撃ではなく交渉による政治的決着を狙っており、その思惑通りに長州藩内部では尊王攘夷派（正義派）を抑える形で保守派（俗論派）が台頭、禁門の変の責任者として三人の家老が処刑され、長州藩の降伏によって戦いにならないままに事件は終結した。しかも、同年八月には前年に長州藩に攻撃された諸外国の連合によって下関が襲撃され、多大な被害を受けてしまった。

しかし、高杉晋作と奇兵隊を中心とする尊王攘夷派は決起して俗論派を打倒し、再び藩の実権を握る。彼らは行政・軍事の双方で幅広い改革を断行し、西洋式の軍制と優れた新兵器を導入して強い軍隊をつくった。また、坂本龍馬の仲介で薩摩藩と同盟を結び、討幕に向けて動き出している。こうした動きを知った幕府は第二次長州征伐を行ったが、諸藩の足並みがそろわず、軍備や士気の差もあって長州藩の勝利に終わった。

やがて長州藩・薩摩藩ら討幕派は王政復古の大号令を経て鳥羽・伏見の戦いで旧幕府軍

を破り、戊辰戦争で旧幕府勢力を討ち果たし、新政府を打ち立てて新たな時代を切り開いていく。

長門国長州藩・毛利家

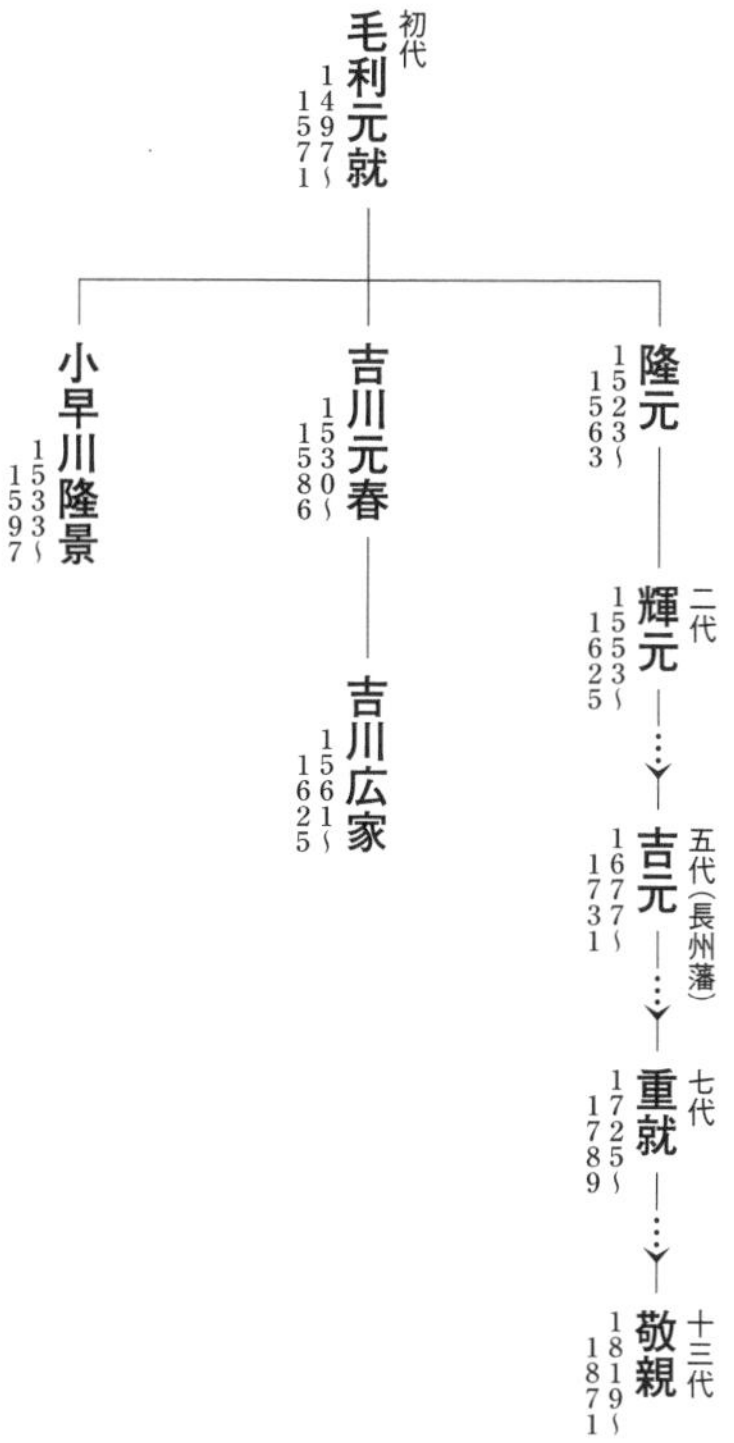

阿波国徳島藩・蜂須賀家

足利氏・斯波氏の流れを汲むというが信憑性は低く、実際には尾張国蜂須賀を拠点とする土豪であったとされる。蜂須賀正勝（小六）の時に織田信長に仕え、羽柴（豊臣）秀吉の与力となって活躍した。信長の死後に秀吉が豊臣政権を築き上げるのにも尽力し、その功績によって四国征伐後に阿波国を与えられるが、病気を理由に嫡男・家政に譲った。

その家政は関ヶ原の戦いにおいては所領を返上して隠居の姿勢を取ることで中立と見せかけたが、実際には息子の至鎮《よししげ》が東軍に参加しており、戦後には改めて徳川家康より阿波を与えられている。これはどちらが勝ってもよいように、という生き残り戦略の一環であると考えられる。ただ、この前年には至鎮と家康の養女の婚姻をまとめており、家康により接近する姿勢を見せていたようだ。

至鎮の代には大坂の陣の戦功を讃えられて淡路国を与えられ、徳島藩二十五万七千石余となった。ちなみに、至鎮は徳川と豊臣が戦うという情報を聞くやすぐさま江戸へ向かい、ひたすらに恭順の姿勢をとっている。これは、豊臣家と深い縁を持つ蜂須賀家が幕府に睨まれていた証拠であるとともに、それを回避するために必死の外交工作が行われたということだろう。

四代・忠英《ただてる》の代に巻き起こった「海部《かいふ》騒動」には、時代と情勢の変化が大きく関わっている。蜂須賀家が阿波に入ったばかりの頃はまだ秀吉による天下統一の最中であり、たびたび軍勢を動かすよう求められることになった。一方、内には新しい領主に反抗的な土豪・国人たちが複数存在し、これを抑えつける必要があった。そのため、家政は九人の重臣（城番）に要地を守らせる「阿波九城」という体制を作り上げ、不安定な内外の情勢に対応しようとした。

しかし江戸時代に入ると兵を動かす必要もなくなり、藩主に権力を集中させる必要が出てきた。そこで忠英は城番制度を廃止しようと考える。これに反発した海部城番・益田長行は独立して大名になろうと画策、そのための手段として藩所有の木材を勝手に売り払って得た資金を老中に賄賂として贈ろうとした（一説には、苛酷な統治を行っていたのが問題視されたのだ、とも）。

これが発覚して長行は幽閉されたが、幕府に対して無実を訴えるとともに「徳島藩は大船の建造とキリシタンの召抱えという幕府に禁止された行為を行っている」という申し立てをした。しかし徳島藩側も幕府重臣・井伊家（蜂須賀氏と縁戚関係にあった）を通じて働きかけを行い、有利な判決を受けることができた。

この事件と、幕府より発せられた一国一城令により、城番制度は消滅したのである。徳島藩の特産物としては塩と藍が知られ、特に藍は全国的に市場を独占し、そこから上がってくる金が藩にとっての重要な財源となった。しかしこうした強固な支配体制には農民たちによる強い反発があり、幅広く展開された一揆騒動の末に藍の専売体制は撤廃されている。一方、幕府による諸々の圧迫は他藩と同じく徳島藩の財政状態も悪化させており、また官僚システムの腐敗も深刻なものとなっていた。これに対して藩政改革を挑んだのが、佐竹家より養子に入った十二代・重喜である。

重喜は大坂の豪商たちによって支配されていた藍の流通の仕組みを組みかえることによって収入の拡大・財政の健全化を図り、また身分の低いものからも有為の人材を登用しようとした。これは当初うまくいくように見えたが、やがて既得権益を持つ重臣・大坂商人たちからの激烈な反撥を受け、さらに幕府からの介入によって失脚させられてしまった。

幕末の動乱期にあっては十一代将軍・徳川家斉の第二十二子である十五代・斉裕が藩政を主導し、開明的な藩主として公武合体派の一翼を担った。第一次長州征伐への参加を拒否しようとしたが断り切れず家臣を派遣する。第二次長州征伐においても拒否しようとするなど、中立的な思想の持ち主であったと考えられる。

その斉裕が鳥羽・伏見の戦いの後に急死すると、跡を継いだ十六代・茂韶《もちあき》はすぐさま新政府側に付き、戊辰戦争にも兵を派遣し、どうにか面目を保った。

阿波国徳島藩・蜂須賀家

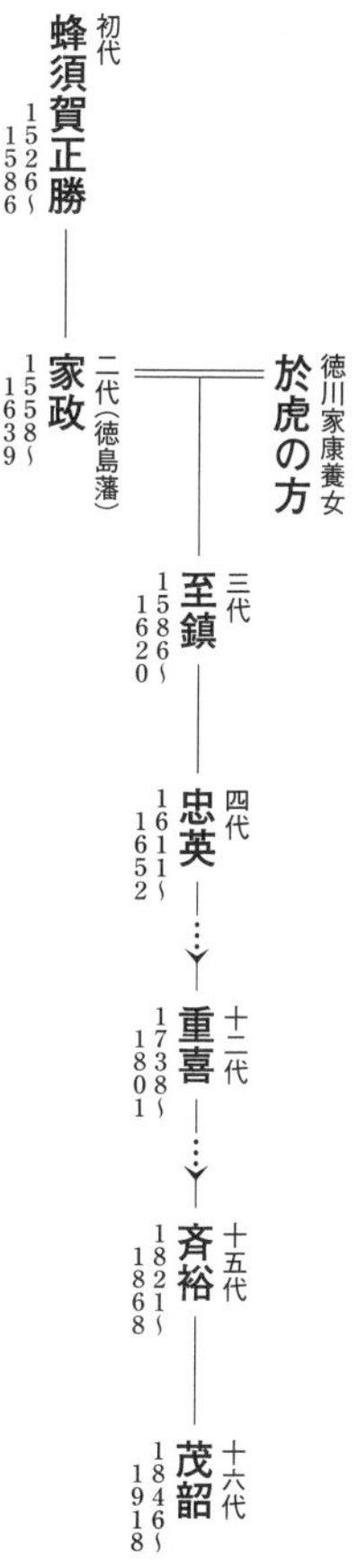

讃岐国丸亀藩・京極家

宇多源氏を称する佐々木一族の一つ。京都の京極高辻にあった屋敷からこの名を使うようになった。本来は庶流にあたるが室町幕府で勢力を伸ばし、ついには侍所の長官を務める四職家の一つにまで出世した。しかしその後は衰退、本来家臣であった浅井氏に勢力を奪われてしまった。

京極高次のとき、織田信長のもとで活躍したが、本能寺の変では明智光秀の要請にこたえて挙兵、羽柴（豊臣）秀吉の長浜城を攻撃したせいで、秀吉に追われる身となってしまった。ところが、その後に高次の妹・松の丸殿が秀吉の側室となったおかげで許され、また正室として常高院（秀吉の側室・淀殿および徳川秀忠の正室・崇源院の姉妹）を迎えたこともあって豊臣政権下で出世、近江国大津という琵琶湖を使った水上交通の重要拠点に六万石を与えられた。

このような事情から、高次を「ホタル大名」などと揶揄する向きもある。女の尻の光で出世した、という意味だ。自分の力で出世したという自負のある戦国大名たちはやっかみをこめてこう呼んだのだろう。しかし、これは生き残りという視点で見ればむしろ賢明な行動であったのだ。

秀吉の死後は家康に接近し、関ヶ原の戦いには東軍に付いて大津城に籠もって戦い、敗れて降伏せざるを得なくなったものの、戦後に家康に召しだされて戦功を高く評価され、若狭国小浜に八万五千石（翌年に加増されて九万二千石）を与えられた。

さらに二代・忠高は出雲・隠岐に二十六万四千二百石を与えられ、石見銀山を預けられるほどだったのだが、後継者のいないままに亡くなってしまった。藩側は甥の高和を末期養子として立て、幕府は「いったん断絶して播磨国龍野六万石で再興」という裁定を下し、名族・京極家は存続を許されることになった。その後、高和の代で丸亀藩六万石となって、以後幕末まで続くことになる。

しかし、四代・高豊が家名断絶を防ぐための予防処置として庶子・高通に一万石を遺言で分け与えて讃岐国多度津藩・京極家を成立させており、この事件のインパクトはかなり大きかったと思われる。

また、高次の弟・高知も関ヶ原の戦いで活躍して丹後国十二万三千二百石を与えられて宮津藩・京極家を立ち上げ、うち七万八千二百石を宮津藩として嫡男・高広に継承させ、残りはその弟たちに分け与えた。ところが、高広は民衆に対する暴虐な振る舞いが目立ち、それを改めようとした嫡男・高国も二の轍を踏んで、悪政を敷いた。そこで父・高広は息

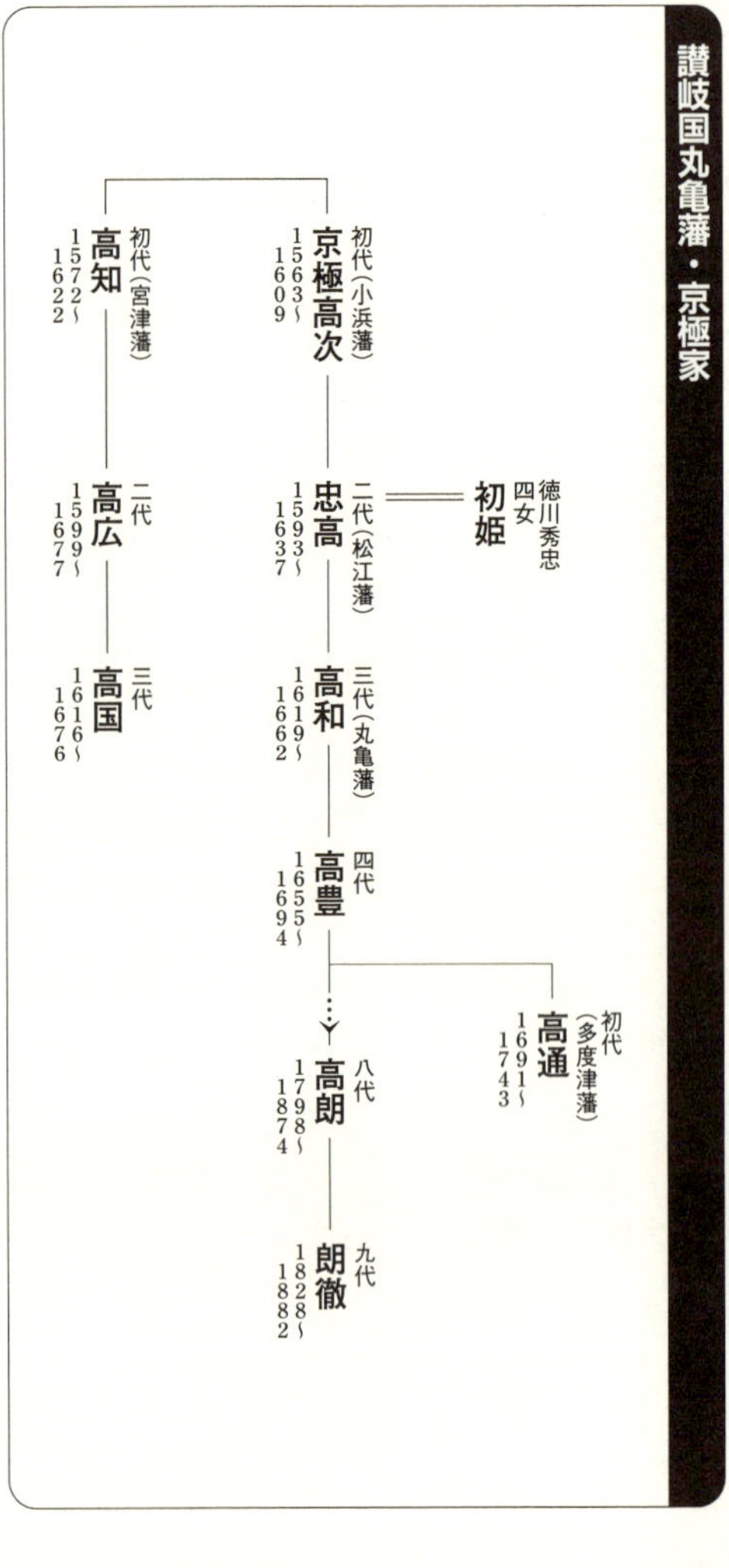

子の振る舞いを幕府に訴えて次男を擁立しようとしたのだが、幕府によって改易され、断絶となってしまったのである。ただ、この血筋はのちに高家となって存続し、また高広の弟たちはそれぞれ但馬国豊岡藩・京極家三万五千石と丹後国峯山藩・京極家一万三千石として明治まで残っている。

丸亀藩史上で名君として名高いのは八代・高朗《たかあきら》で、藩士・領民への教育の充実や藩士への団扇《うちわ》の製造の奨励（現在も全国一の生産高であるという）、また丸亀港を発展させておおいに賑わしたことなどが知られている。幕末期には九代・朗徹《あきゆき》のもとで安政年間に藩政改革が行われ、また明治に入って高松藩が朝敵となると、多度津藩とともに出兵している。

土佐国土佐藩・山内家

藤原秀郷の末裔が相模国鎌倉郡の山内荘を領地とし、この名を名のるようになった。やがて各地へ分布していったうち、山内一豊の祖父の代になって尾張へ入り、父が岩倉織田家に仕えた。しかし織田信長によって滅ぼされ、残った一豊は流浪の生活の末に信長に、続いて羽柴（豊臣）秀吉に仕えて山内家を大名として再興することに成功した。彼の妻・

千代は戦国時代を代表する賢妻の一人として名高い。

一豊は豊臣恩顧の将として数えられるべき一人だが、関ヶ原の戦いに先立って、家康に「居城である遠江国の掛川城と、城に蓄えられた兵糧を提供する」と宣言している。

これを受けて他の大名たちも次々と同種の宣言をしたため、家康は東海道の移動に大きなアドバンテージを受けることができた。東軍に参加した大名の多くは「石田三成を倒す」という名分のもとに家康に従っており、状況の変化によっては家康を裏切る可能性が十分にあった。しかし、一豊の提案の結果、「いつ裏切るかわからない大名たちの御膝元を通って中央へ向かう」ということにならずにすんだのである。

ただ、一豊がそこまでわかっていたとは考えにくく、おそらくはこれも歴史の皮肉の一種というべきだろう。しかし、こうした功績の結果として、長宗我部家が改易されたあとの土佐国を与えられることとなった。また「高知藩」とも呼ばれるが、これは明治時代に入ってからの呼び名であるようだ。

支藩としてはまず二代・忠義の次男である忠直を祖とする中村藩・山内家三万石があった。しかしこの家は三代目の豊明の時に若年寄の職を命じられたものの、病気を理由に断ったことから時の将軍・綱吉の怒りにふれ、しかもこの際の態度がまずかったということで断絶させられてしまった。また忠義の三男に当たる一安より続く家が高知新田藩となっており、こちらは幕末まで続いている。

土佐藩の藩政初期に大きな問題となったのは、長宗我部家の遺臣——それも国外へ退去できるような層ではなく、「一領具足」と呼ばれる土地に密着した半農半兵の下級武士層であった。一豊は長宗我部時代と同じ統治を約束して彼らの懐柔に励んだが、たびたび一揆による武力反乱が起こって土佐藩を苦しめた。そのため、催し物を装って彼らを招き集めて殺害するなどの強硬手段もとられたようだ。

やがて、土佐に残った長宗我部の遺臣たちは土佐藩に仕え、一領具足たちはある者は農民となり、またある者は下級武士身分である郷士として取り立てられて、土佐藩の支配体制が確立していくことになる。ちなみに、この郷士身分はやがて金で売買されたり身分に関係なく募集されたりするようになり、そうした土佐郷士の中から坂本龍馬・武市半平太といった幕末の志士たちが現れることとなる。

藩政初期の改革を推進したのは二代・忠義の頃の野中兼山という人物で、財政的に圧迫されていた土佐藩を救うために茶・紙・漆など特産品の開発を始めとする各種の改革を推し進め、大きな成果をあげた。その改革があまりにも強硬的だったために反撥を買い、三代・忠豊の頃になって失脚してしまうが、その後も行き過ぎが是正されつつ方針は継承されていった。

しかし江戸時代も中期以降になると土佐藩の財政は再び悪化し、藩政が行き詰まって、たびたび改革が試みられることになった。特に、名君として名高い九代・豊雍《とよちか》の治世下では農村の復興や倹約の断行――自らが率先して一汁一菜の食事をし、格式を半分の十万石へ切りつめるなどの政策を行い、藩財政をどうにか立て直すことに成功している。

また、十三代・豊熈《とよひろ》は「おこぜ組」と呼ばれる改革派を登用して積極的な藩政改革を推進させたが、彼らの経費削減路線に山内の分家筋が強く反発した。これに先代藩主・豊資《とよすけ》も同調したため、豊熈は自ら「おこぜ組」を処分するしかなくなり、改革は頓挫した。

幕末の動乱期に土佐藩をリードし、「幕末四賢侯」の一人にも数えられるのが十五代・豊信（容堂）である。彼に抜擢された吉田東洋は殖産興業・海防や教育の充実・人材登用・新技術の積極的導入など幕末の情勢に合わせて次々と改革を打ち出した。

一時期、酒の席での失態によって失脚していたこともあるが、この時期に開いていた私塾で後藤象二郎や岩崎弥太郎といった人材を発掘、復職してからは彼ら「新おこぜ組」とともにさらなる改革に励んだ。

しかし、豊信が安政の大獄に巻き込まれて隠居謹慎を命じられ（以後、「容堂」を名のる）、十六代・豊範の代になると、郷士たちを中心とする下士層から過激な尊王攘夷主義グループである土佐勤王党が出現し、東洋を暗殺して藩の実権を一時握ってしまった。だがこれも尊王攘夷運動が全国的に下火になり、また容堂が実権を取りもどすまでのこと。以後は執拗な弾圧を受けて勤王党は壊滅してしまった。東洋の死後はその政策を後藤象二郎が継承し、殖産興業・貿易の拡大などを推し進めて富国強兵路線をとった。ちなみに、この時に長崎での出張所というべき土佐商会を任せられ、長崎貿易の責任者となったのが、のちの三菱財閥の創始者である岩崎弥太郎その人である。

動乱の中で幕府が力を失い、代わって薩摩・長州といった討幕派が台頭していくなか、土佐藩は志士たちが薩摩藩と討幕の密約を結ぶ一方で、容堂らは坂本龍馬の「船中八策」をもとに徳川慶喜へ大政奉還を提案し、これを実現させた。容堂はあくまで徳川家を温存する形での新政府樹立を模索しており、のちに王政復古の大号令と小御所会議で徳川家の実権が消滅させられた際には強く反撥したものの、かなわなかった。

結局、鳥羽・伏見の戦いで新政府軍が勝利すると容堂も時流に乗って新政府側に付くことを決断し、戊辰戦争へも軍を派遣した。やがて始まる明治維新の中で、土佐出身者たちもそれぞれに重要な役割を果たしていくことになる。

土佐国土佐藩・山内家

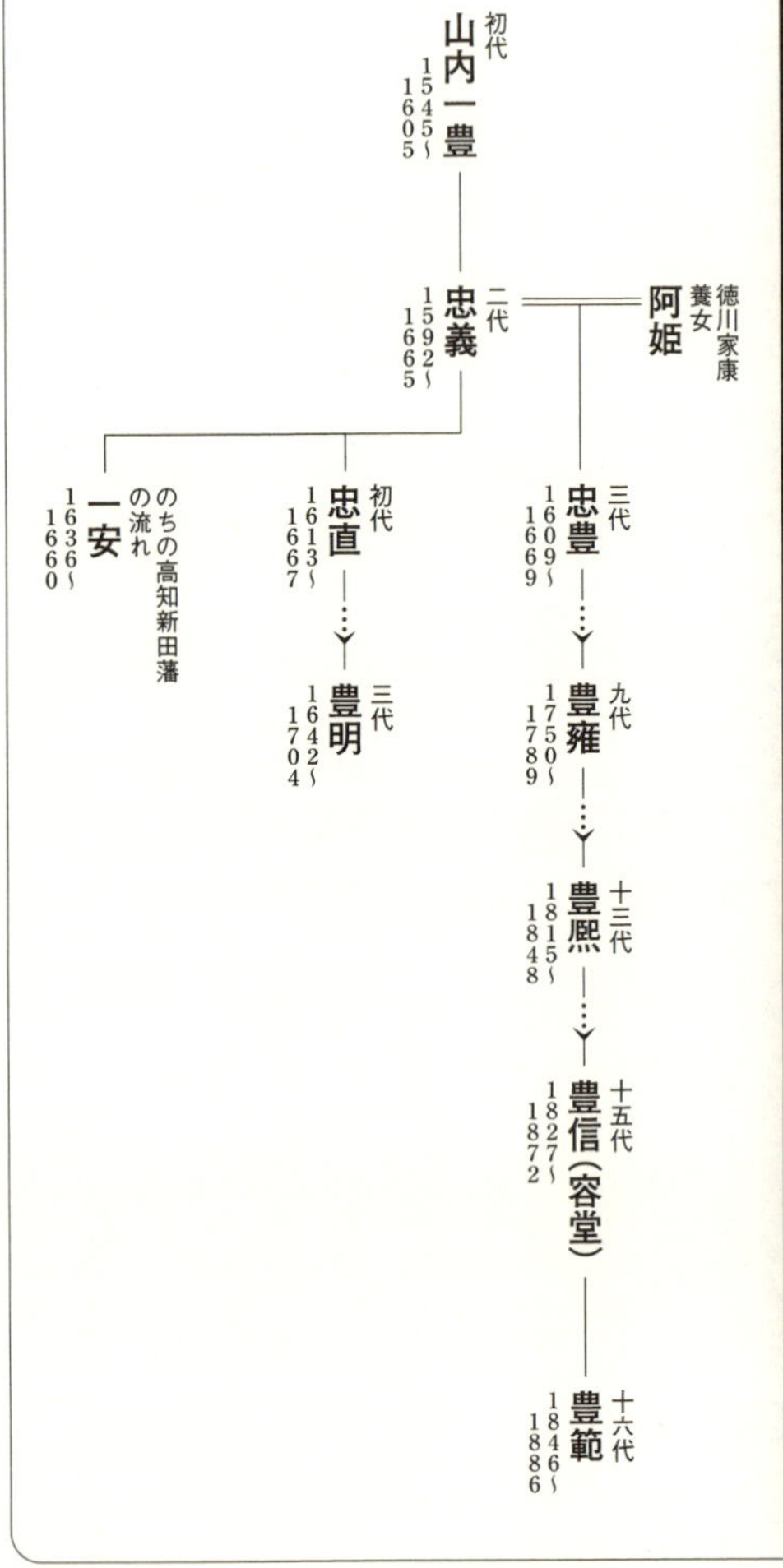

豊後国岡藩・中川家

清和源氏の源頼光を祖とする多田氏の一族で、摂津に勢力を持った。

同じ流れに尾張中川氏があり、こちらは斯波・織田に仕えたのち、徳川家臣となり、旗本として江戸時代に入っている。

中川清秀の時、織田信長に臣従していた荒木村重の有力家臣となっていたが、村重が信長に謀反した際には織田家に臣従。本能寺の変後は羽柴（豊臣）秀吉に従ったが、賤ヶ岳の戦いで討ち死にしている。その跡を継いだ秀政も秀吉の家臣として各地を転戦して戦功をあげたが、朝鮮出兵で討ち死にした。そこで弟の秀成が跡を継ぎ、豊後国七万四百石の大名となった。

関ヶ原の戦いにおいては東軍側に付いた。西軍側による偽装工作——中川家の軍旗を使って反徳川方工作を行う——で苦境に立たされるも、西軍側と戦うことで疑いを晴らし、所領はそのまま安堵された。

まず、初期の名君として三代・久清の名前が挙がる。彼は岡山藩の藩政改革で活躍した学者・熊沢蕃山を招くなど、新しい思想・技術への関心の強い人物で、藩政の確立に尽力した。

また、相次ぐ天災などによって、他藩と同じく財政の困窮が進んだ江戸時代後期には八代・久貞が立って、二度にわたる藩政改革を断行している。

十代・久貴の時にも専売制度の実施など財政改革を行っているが、この際には大規模な農民一揆が巻き起こったため、改革を推進した重臣が罷免されるとともに農民の要求の一部を呑むことになった。

幕末期には岡藩が豊後国における尊王運動の先駆け的存在となったが、藩主の十二代・久昭は津藩・藤堂家から養子に入った人物であり、実家の影響から佐幕論者だった。そのため、藩の要職から尊王攘夷派よりの七人が追放される「七人衆の変」が起きている。

戊辰戦争には新政府の召集に応じて兵を派遣したものの、これが遅れたので罰金が科せられることになったが、結局回避されている。

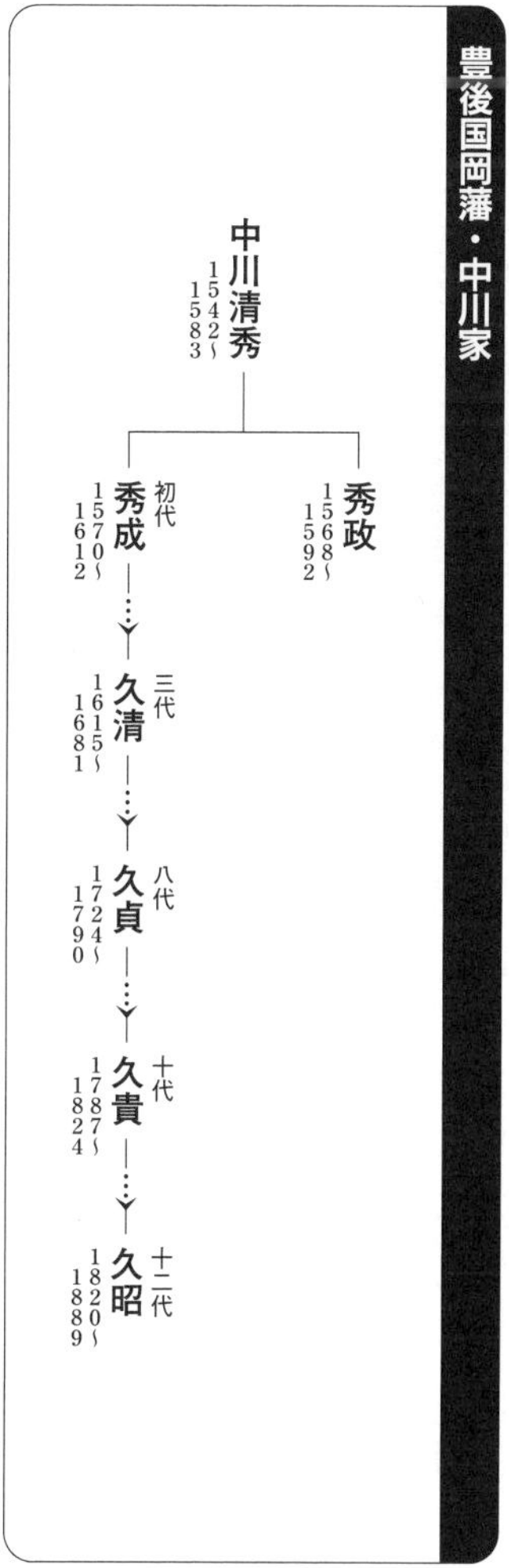

肥前国肥前藩・鍋島家

九州の名門武家・小弐氏の末裔を称する。しかし実際には佐々木源氏の末裔が九州に移り住み、肥前国佐賀郡鍋島村に土着したのが始まりであるという。龍造寺氏と結びついてその家臣として重要な地位を占め、特に鍋島直茂は義兄弟・龍造寺隆信（直茂の母が、隆信の父の継室）を助けて龍造寺家が九州三強の一つとなるのに大いに活躍した。

隆信が島津家との戦いで討ち死にすると、その遺児である政家を直茂が補佐し、実質的な統治を行う体制をとったが、政家も死んでしまったため、直茂の子の勝茂が龍造寺家を継承する形で、大名としての鍋島家が誕生した。

こういう複雑な成立経緯を持つ上、支藩として三つの藩を持ち（勝茂の弟・忠茂を祖とする鹿島藩二万石、長男・元茂を祖とする小城藩七万三千石、三男・直澄を祖とする蓮池藩五万二千石）、さらに政権中枢に「親類四家」を始めとする鍋島・龍造寺一族を入れた鍋島家では、複雑な権力闘争が長く続くことになった。

そもそも、なぜ長男の元茂が鍋島宗家ではなく分家を継いだかといえば、勝茂が徳川家康の養女（亀山藩主松平忠明の娘）を継室に迎え、二人の間に生まれた四男の忠直が後継者になった（忠直病死のため、実際に跡を継いだのはその子の光茂）、という経緯があったからだ。江戸幕府との距離を縮めて改易を防ごうという意図があったのだろうが、複雑な感情が渦巻いていたであろう。勝茂の跡を継いだ光茂は鍋島家版の武家諸法度である「三家格式」を制定して、支藩を支配するために尽力する。

かつての部下の支配下となってしまった龍造寺一門にも復興の動きがあった。政家の子・高房は現状に不満を持ちつつも変えられないまま落馬で死に、その一ヶ月後には政家も死んでしまった。ここから生まれた怪談が、高房の飼っていた猫が化け猫として鍋島家に祟る――という「鍋島猫騒動」である。

一方、高房の遺児による復興運動もあったが、幕府がこれを取り上げることはなく、鍋島家に取り込まれて藩の重要な位置を占めた龍造寺一門の内部にも不満がくすぶっていたらしい。鍋島家は長くこの旧主君問題に苦しめられた。

光茂時代の放漫財政、また享保年間の害虫発生による大飢饉などの影響を受けて、肥前藩もまた深刻な財政危機に陥っていた。そこで八代・治茂は藩札の発行や殖産興業の振興(特に、かつて朝鮮出兵の際に朝鮮人陶工を連行したことに始まる有田焼は外国へ輸出するほどの特産物となった)、農政の改革、藩校を設置しての人材養成といった各種改革を断行し、名君と謳われた。ところが、その跡を継いだ九代・斉直《なりなお》は放漫政策や対外事情の変化による海防費の増加で再び財政を悪化させてしまい、さらにフェートン号事件(イギリス軍艦が長崎の出島を襲撃、オランダ商館員を捕らえて逃走した)の際には長崎警備の役に付いていたことからその不備を追及されるなど、内外に問題が多かった。

そうした中で藩主となったのが、十代・直正である。まず、均田制によって大地主から取り上げた土地を分配することで困窮状態にあった小規模農民を保護。さらに陶器や炭などの特産品開発を推し進め、専売体制を構築し、これらを藩外はもちろん海外にも積極的に輸出することで、巨大な利益を得た。その活躍たるや、大坂の商人たちが「経済大名」と称したほどである。彼がただの武士ではなく、経済センスに優れていたことの証拠だろう。

また、直正は西洋の進んだ技術や知識を吸収することにも熱心であり、反射炉を建造して大砲・小銃を鋳造するとともに蒸気機関の製造にまでこぎつけ、日本初の蒸気船を進水させている。もちろん、これだけの技術開発を成し遂げられたのは、交易によって得た利益があってこそだ。こうした進んだ工業力に支えられた肥前藩兵は、直正をして「四十名で他藩の千人に匹敵する」と豪語させ、実際に戊辰戦争で猛威をふるうことになった。

しかし、これほどの力がありながら直正は幕末の政局に積極的に関与することはなく、常に傍観者的な立場をとり続けた。肥前藩が討幕へと動き出すのは直正が隠居して十一代・直大《なおひろ》が家督を継承した後の、一八六七（慶応三）年になってからのことである。にもかかわらず、後の明治新政府において肥前出身者が「薩長土肥」と呼ばれるほどの勢力を築くに至ったのは、先述した先進兵器を装備した肥前藩兵の、戊辰戦争における大活躍のおかげである。

肥前国肥前藩・鍋島家

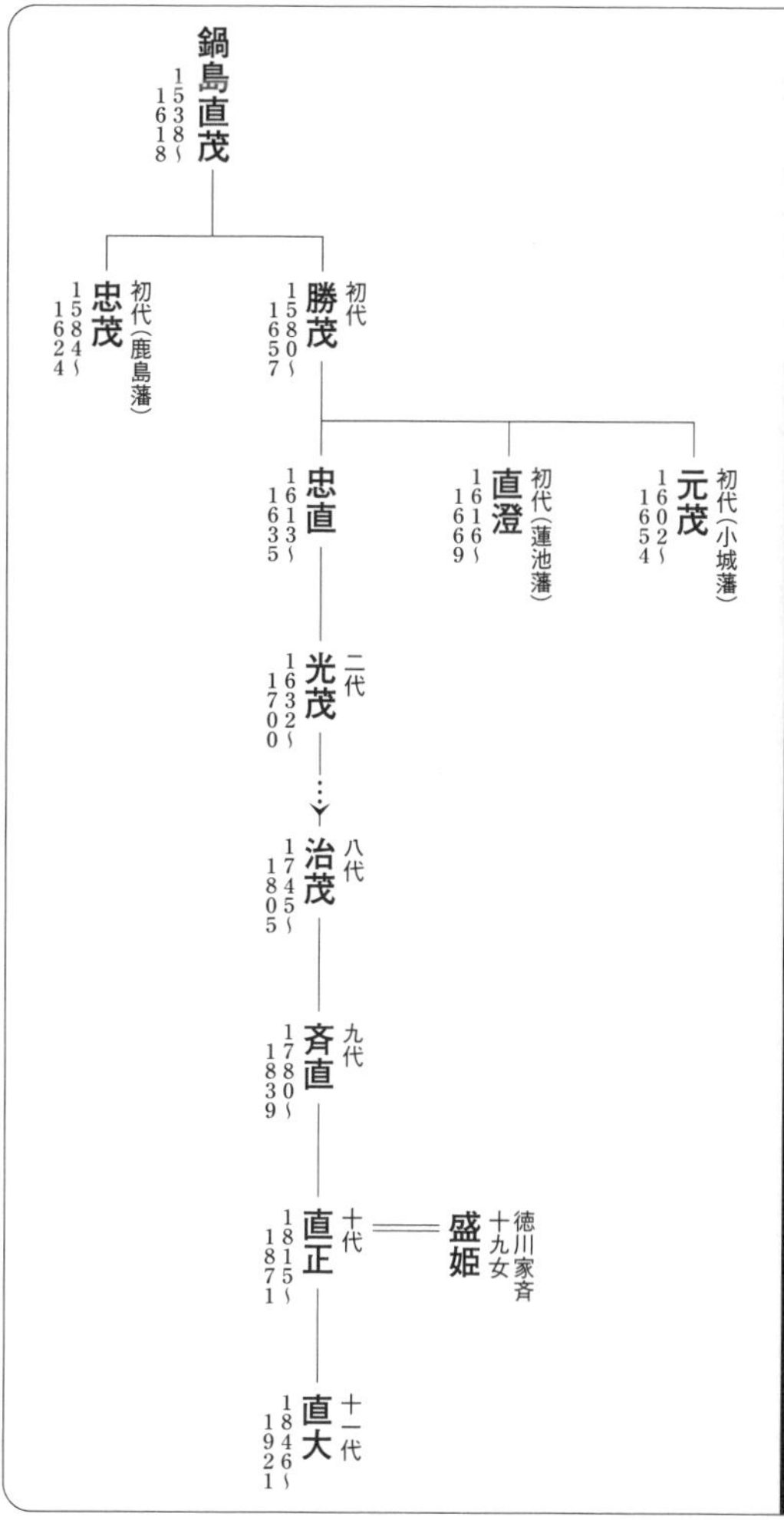
鍋島直茂
1538～1618
初代
勝茂
1580～1657
初代（鹿島藩）
忠茂
1584～1624
初代（小城藩）
元茂
1602～1654
初代（蓮池藩）
直澄
1616～1669
忠直
1613～1635
二代
光茂
1632～1700
八代
治茂
1745～1805
九代
斉直
1780～1839
十代
直正
1815～1871
徳川家斉十九女
盛姫
十一代
直大
1846～1921

筑前国福岡藩・黒田家

宇多源氏・佐々木氏の流れを汲み、近江国伊香郡黒田村に住んでこの名を名のるようになった。やがて播磨へ移り、小寺家に仕えてその家老となっていたが、黒田孝高（官兵衛）のとき、織田信長の命を受けた羽柴（豊臣）秀吉の中国侵攻に協力し、やがて織田家に反抗した小寺家を離れて秀吉の与力となり、その躍進に大きく助力した。

その跡を継いだ二代・長政は本来なら豊臣恩顧の将として活動するべき人物だが、関ヶ原の戦いにおいては石田三成との不仲や家康の養女を継室に迎えていたことなどもあってか、積極的な家康派として活動している。

長政は戦場でも活躍したが、特に西軍への裏切り工作での功績が大きかった。東軍勝利を決定づけた小早川秀秋の裏切り、および吉川広家の主導による毛利軍の不戦は、長政の仲介によるものであった。これがなければ、東軍は数で劣り、また敵にほぼ包囲された状態で戦わなくてはならず、敗北は必至であった。

この活躍は秀吉の軍師・孝高の息子の名にふさわしいが、ちょっと面白いエピソードがある。関ヶ原の戦い後、長政の活躍に喜んだ家康が彼の手を取って喜んだという話を聞いた孝高が、「空いている方の手は何をしていたのだ」——つまり、そこで家康を殺害するべきだったのだと責めた、というのである。

しかも、中央で東軍と西軍が争っていた頃、九州にいた孝高は東軍として戦いながら独自に天下取りの好機を狙っていた。だが、中央の戦いがあまりにも短期間で決着したので（その功労者は長政だ！）それがかなわなかったという説もあり、この二つの説を合わせると「自らが天下人になろうとした父の野心を、徳川政権のもとでの厚遇を求めた息子の活躍が防いだ」ということになって、なかなかに歴史の皮肉を感じさせる。

こうした功績があって、筑前一国および肥前・筑後から二郡ずつ与えられ、五十万二千四百石余りの大藩となった。長政が没するとその跡を嫡男である三代・忠之が継承したが、三男の長興には秋月藩五万石が、四男の高政には東蓮寺藩四万石が、それぞれ分け与えられて支藩となった。前者は幕末まで続いたが、後者は嗣子を失って断絶している。

初期の藩政において問題になったのが、五千石以上の高禄を有する家臣が多数存在し、藩主がその連合の長という立場を抜け出していなかったことである。そこから二つの事件が起きている。

一つは、黒田家重臣・後藤基次（又兵衛）の出奔である。彼は長政の父・孝高の強い信任を受けて活躍したが、長政との仲は悪かった。父に寵愛される基次に対して長政が嫉妬したのだともいうが、実際には傲慢な振る舞いが目立ったことが主原因であるようだ。勝手に他大名家と交際する基次の振る舞いに、ついに長政が堪忍袋の緒を切らした、というわけである。

長政は出奔する基次に対して「奉公構」という態度をとった。意味するところは、「他の大名家の方々、この武士を決して雇わないでください」というもので、これによって基次は武士としての再就職の道を失った。それほどに基次の傲慢な態度は長政を怒らせた、すなわち黒田家の内部統制を揺るがした、ということなのだろう。その後、彼は大坂の陣に参加し、激戦の末に討ち死にしている。

この事件の背景には、安定と平和の時代において、武功を誇って秩序を乱す重臣は百害あって一利なし——という事情がはっきり見える。このことが教訓になったか、長政およびその跡を継いだ忠之は孝高の時代以来の大身の家臣たちを取り潰し、減封することによって藩主の権力を強めようとした。

もう一つの事件が、いわゆる「黒田騒動」だ。これは、三代・忠之が倉八十太夫《くらはちじゅうだゆう》という家臣を一万石に取り立て、政治を取り仕切らせたことが原因となっている。結果として藩政は乱れ、憤った筆頭家老・栗山大膳は非常の策に出た。幕府に対して「黒田忠之に謀反のたくらみあり」と申し出たのである。幕府の調査の結果、忠之に謀反の意思なしということで藩への処分はなかったが、八十太夫は高野山へ追放、大膳は南部家預かりとなった。

この背景には、先代の時から続いている高禄家臣団に対する統制がある。この頃、「黒田二十五騎」などと呼ばれる重臣たちや、孝高の兄弟に連なる一門衆などが領地を減らされ、あるいは追放されて、相対的に藩主の権力を強化する試みがなされていたのだ。自身の権力を安定させたい藩主と、本来持っていた権力を奪われていった重臣の対立の延長線上に、藩主の寵臣と重臣の対立があった、というわけだ。

一方、忠之の治世の晩年には福岡藩の財政危機が始まっており、これに対処する必要が出ていた。倹約や知行の借上、あるいは専売制、藩札の発行などが実施されたが大きな成果をあげられず、むしろ藩札については米価の高騰を招いて明確な失敗となっている。

これに対し、七代・継高は農村の復興や天災対策としての備蓄などの各種改革に取り組んだが、農村の荒廃は進むばかりで、慢性的な財政危機も解消できなかった。

幕末の動乱期の当主は島津家より養子に入った十二代・長溥《ながひろ》で、この人物は「蘭癖（オランダかぶれ、程度の意味）大名」と称されるほどに西洋の知識・技術へ強い興味を示した大名で、医学・航海術・化学・硝子などの様々な西洋技術を研究させるとともに、博多に築いた精錬所で硝子・陶器・綿布・薬品などを製造させ、さらには軍艦や銃器なども海外から購入して軍事力の強化も図った。財政面では専売制や銀札の発行などによる改革を試みているが、これらは失敗に終わっている。

また、長溥は動乱の中で佐幕派として公武合体を目指しており、そのために藩内で動き出した尊王攘夷派と保守派の対立が巻き起こると、二度にわたって尊王攘夷派に対して厳しい弾圧を行い、これを鎮圧している。

しかし事態は急変し、王政復古の大号令と鳥羽・伏見の戦いを経て新政府の勢力が一気に増大した。これに対して長溥は西国諸藩と足並みをそろえて恭順姿勢を示し、先の事件で尊王攘夷派を弾圧した保守派家老を処罰するとともに、戊辰戦争へも軍を派遣した。

その後、長溥の引退から廃藩置県までのわずかな間、藤堂家より養子に入っていた十三代・長知が藩主（知藩事）を務めたが、この頃までに膨大な量に至っていた負債を処理するために贋金づくりに手を染め、それが発覚して知藩事を罷免されるという事件があった。

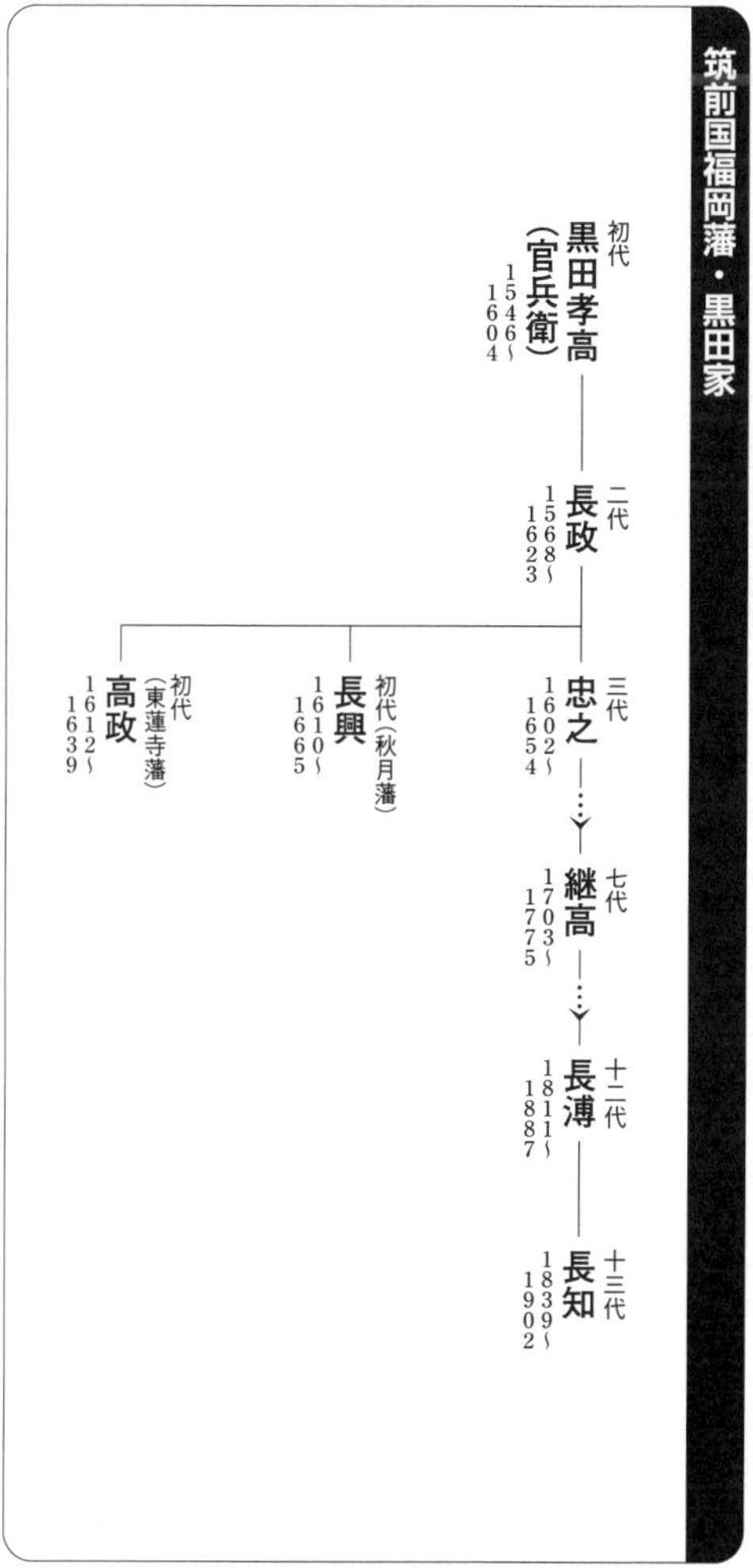

日向国高鍋藩・秋月家

平安時代、藤原純友討伐に活躍した大倉朝臣春実の末裔が、筑前国夜須郡秋月荘を与えられ、秋月城に拠ったのを始まりとする。戦国時代には筑前へ侵攻してきた大友氏とはげしく争った末に一度は攻め滅ぼされ、毛利氏を頼った秋月種実によって復興したものの、再び大友氏の圧迫を受けて降伏。しかし大友氏の勢力が衰退すると龍造寺氏・島津氏と連携して大友氏を攻撃した。その後、秀吉の九州征伐に抵抗したものの衆寡敵せず降伏して許され、種実の子・種長が日向国に三万石を与えられることとなった。秋月家が平安以来の名門であること、天下三大名物と謳われた茶器・楢柴肩衝《かたつき》と自身の娘を秀吉に差し出したことがこの厚遇の理由であろう。関ヶ原の戦いでは当初西軍に付いて大垣城を守っていたものの、石田三成が敗れるやすぐさま東軍に寝返ったため、本領を安堵された。

藩政の初期、二代・種春の家督継承を巡って家老同士の内紛が発生し、藩内が大いに動揺した。これが最終的には藩士五百人余りが藩を離れる「上方下方騒動」にまで発展してしまったものの、その後に続いた三代・種信の藩政改革が成功し、混乱は収束している。

彼の時代に土地の名を財部《たからべ》から高鍋に変えた。

また、名君の誉れ高いのが七代・種茂である。彼の弟・治憲（鷹山）は米沢藩・上杉氏に養子として入り、数々の改革を成し遂げて名君と呼ばれたが、兄の種茂もまた弟に負けない優れた為政者として様々な功績をあげた人物として知られている。

幕末期には、十代・種殷《たねとみ》が財政問題に悩みながらも、揺れ動く世情に合わせて軍制改革や海防の充実などに励んだ。戊辰戦争においては薩摩藩の要請に応じ、新政府側として参戦、姻戚関係にある米沢藩・上杉家を降伏させるにあたって大きな役割を果たした。

日向国高鍋藩・秋月家

秋月種実（1548〜1596）——初代（財部藩）種長（1567〜1614）——二代 種春（1610〜1659）——三代（高鍋藩）種信（1632〜1699）…→七代 種茂（1744〜1819）…→十代 種殷（1817〜1874）

筑後国久留米藩・有馬家

村上源氏の流れを汲み、室町幕府で大きな勢力を誇った赤松氏の支流で、摂津国有馬郡有馬荘の地頭になってこう名のった。摂津有馬氏、赤松有馬氏とも。戦国時代、羽柴（豊臣）秀吉が織田家の中国方面司令官として摂津・播磨へ進出した際にその家臣となった。

秀吉の死後、有馬豊氏は徳川家康の養女を正室に迎えるなど徳川家に接近し、関ヶ原の戦いでも東軍に参加した。その後も大坂の陣へ従軍するなど幕府のために功績をあげ、筑後藩・田中家が断絶した後に、筑後国久留米二十一万石を与えられている。

藩政の初期には、田中家時代から行われていた工事を引き継ぎ、筑後川の治水・水利工事を推進している。これによって筑後平野の灌漑が整えられ、大規模な新田が開拓された。

しかし、財政難もまたついて回り、代々の藩主が支出の削減に励んだ。特に六代・則維《のりふさ》の改革は、同時期に新井白石によって行われていた幕政改革の名前を取って、久留米藩における「正徳の治」と呼ばれている。この改革は一定の成果をあげ、困窮する財政をいったんは安定化させた。しかし、則維はこうした名君としての側面を持つ一方で、派手好み・農民に対する過酷な政治・一部寵臣の重用といった良くない側面も兼ね合わせていた。

その後の藩主たちも財政問題を解決できなかった。八代・頼貴は上げ米や借金で急場をしのごうとする一方で、非常に派手好きかつ多趣味の人物であり、大変に相撲を好んで多数の力士を召抱えたり、犬好きが高じて日本全国どころか遠くオランダからまでも珍しい種類を輸入したり、と財政を圧迫した。彼の代には増上寺の火の番をたびたび務め、「有馬火消し」として江戸庶民の注目の的になったのだが、これもまた莫大な出費となった。

続く九代・頼徳の頃には財政難を宣言しなければならないほどの状態だったのだが、この人物もまた派手好みであり、広大な庭園をつくったりして財政を苦しめた。

幕末期には十代・頼永《よりとお》が大々的な倹約を始めとする藩政改革に取り組んだものの、わずか二年で病死。その後を異母弟の頼咸《よりしげ》が継ぐと、藩内は尊王攘夷派と佐幕派に分かれて激しく対立するようになった。そうした中、十二代将軍・家慶の養女との婚姻が決まっていた頼咸は佐幕的な態度を示したので、一部の尊王攘夷派は脱藩して独自の活動を始めた。

そのうちの一人が、幕末の尊王攘夷主義者たちの中心人物で、禁門の変で戦死した真木和泉である。しかし、戊辰戦争において久留米藩は新政府側に付き、箱館戦争まで長く戦いつづけている。また、明治維新後は過激な尊王攘夷論者たちが藩の実権をにぎるようになり、彼らは諸外国と親しく付き合っていこうとする新政府の方針に反発してクーデター未遂事件に参加してしまった。この犯人たちをかくまったのではないかという疑惑を持たれ、当時久留米知藩事を務めていた頼咸は謹慎に追い込まれている。

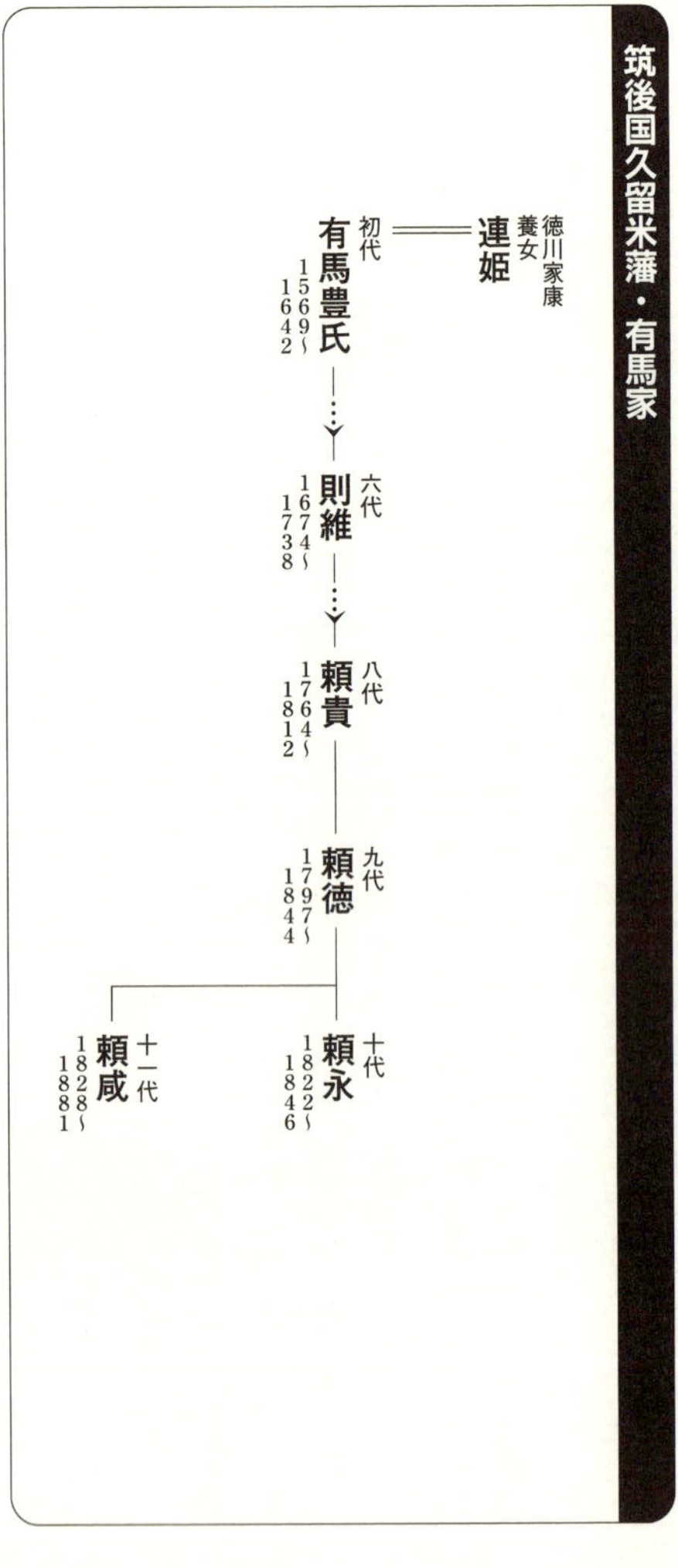

筑後国柳川藩・立花家

藤原氏の血を引く九州の名門・大友氏の一族で、要所である筑前国糟屋郡の立花城に拠ってこう名のっていた。しかし戦国時代には大友氏に背いた末に滅亡してしまっている。その後、大友氏を支えた名将として名高い戸次《へつぎ》鑑連《あきつら》（立花道雪）が立花城に入り、その婿養子・宗茂の代になって「立花」氏を名のるようになった。

宗茂は秀吉の九州征伐に際して臣従し、筑後国に十三万二千二百石を与えられて柳川城主となった。この際の立花家臣団は戸次氏の譜代家臣・外様家臣・さらに大友氏によって付けられた与力武将といったバラバラな構成であったが、宗茂は豊臣政権の威光を利用して自らの地位を高め、彼らを支配することに成功した。

関ヶ原の戦いにおいては中央の戦いに参加したのち九州に舞い戻り立花城に籠もったが、ついに降伏することになった。しかし宗茂に対する徳川家康・秀忠の評価は高く、四年後には旗本に取り立てられ、さらにそれから二年を経て陸奥国棚倉藩一万石（のちに三万石へ）の大名となった。さらに大坂の陣でも活躍し、ついに筑後国十万九千六百石の大名として柳川城に戻ってきた。また、宗茂の弟の直次の血筋も三池藩・立花家として残った。中央の政争に巻き込まれて一時期左遷・転封となったが、明治になって三池藩へもどっている。この間、三池領は柳川藩の預かりとなっていた。

特徴的な事業としては、有明湾の干拓がある。これは立花家の前にこの地の大名であった田中家が始めた事業を引き継いだものだ。立花家は開拓によって得られた新田への年貢をある程度免除するなどの政策によってこの干拓事業を成功させ、明治の頃には合計で二千五百四十町歩（二十四平方キロメートル強）という広大な領域が田畑になった。

しかし、この開拓が最盛期を迎えた享保〜延享年間は飢饉などもあって藩財政が大きく落ち込んだ時期でもあった。そのため、七代・鑑通《あきなお》は財政再建に奔走することになり、多方面にわたって藩政改革を行い、一応の成果をあげるに至った。しかし、その子である八代・鑑寿《あきひさ》の時には保守派が改革派を数十名一気に逼塞《ひっそく》処分とする事件（豪傑組崩れ）が起きており、改革も常に順調にいったわけではないようだ。

幕末期には「鼎足《ていそく》運転之法」――藩が発行した十万両の藩札を預かった御用商人が藩の産物を買い付けて長崎で売り、その利益を藩に納める方法によって財政が大いに潤った。藩札が特産物につぎ込まれて産業を育成し、その特産物を売却することによって現金が生まれ、これが藩を潤し……と鼎《かなえ》の脚のように三者が回ることからこの名がついた。ここから得た資金で軍備を充実させ、戊辰戦争においては新政府側に付き、兵を送っている。

筑後国柳川藩・立花家

初代 **立花宗茂**（1569～1643）……→ 七代 **鑑通**（1730～1798）── 八代 **鑑寿**（1769～1820）

初代（三池藩） **直次**（1572～1617）

肥前国大村藩・大村家

大村家の血筋は、平安時代後期に海賊として朝廷を悩ませた藤原純友に遡る。その孫が肥前国の彼杵郡大村郷を本拠としたことからこの名を使うようになったという。以後、鎌倉・室町時代と肥前国に勢力を誇ったが、戦国時代になって支流にあたる有馬家に圧迫されるようになり、有馬晴純の次男・純忠を養子として迎え、存続させることになった。

この純忠は日本初のキリシタン大名であり、イエズス会と密接な関係を持つ中で長崎を開港し、南蛮貿易によって大きな利潤をあげることに成功した。また、一時は龍造寺家の支配下に組み込まれてしまったものの、やがて独立を回復、さらに豊臣秀吉の九州征伐の際には恭順を示し、本領を安堵されている。

跡を継いだ喜前《よしあき》は関ヶ原の戦いで東軍に付き、二万七千九百七十三石の本領を守ることに成功して江戸時代へ入ったが、大村藩は当初から深刻な財政危機に見舞われた。その原因は、膨大な利益を生んだ長崎港が秀吉に取り上げられ、さらに豊臣・徳川の両政権が(その間にある程度の空白時期はあるが)キリシタン禁止令を出したことで海外貿易の可能性を断たれたことにある。このような財政危機に対して、喜前とその子で二代目藩主にあたる純頼《すみより》は一門衆から領地を没収して直轄地を増やし、財政の健全化と大名権力の増大を成功させた。

ちなみに、喜前と純頼はそれぞれ急死しているのだが、一説によるとその原因はキリスト教をあっさり捨てたことを恨んだキリシタンによる毒殺だという。

四代・純長の時代にも、キリシタン絡みの大問題が起きている。領内で隠れキリシタンが発見されたのだが、その数が余りにも多すぎて、周辺各所に預けなければならなかった。その数の多さは大村藩が責任問題を問われかねないほどだったが、純長は実父を通じて速やかに幕府へ謝罪と恭順を示し、また徹底的なキリシタン対策をしたので、幕府による介入と処分は受けずに済んだ。

元禄期になると、大村藩は再び財政危機に襲われる。強力に推進してきた新田開発が限界に達したことと、家臣団が膨張しすぎたことが原因であった。このため、五代・純尹《すみまさ》の代には商人たちから五万両余りの借金をせざるを得なくなっている。そのため、藩史の中期から後期にかけては財政の健全化を目指して様々な改革が行われた。

幕末期に当主となった十二代・純熙《すみひろ》は尊王思想の持ち主だったが、藩内は佐幕派と尊王攘夷派に分かれて対立していた。そんな中、尊王攘夷派の中心人物が暗殺される「小路騒動」が起きると、これによってむしろ尊王攘夷派が活発化し、藩論を手中に収めるとともに藩外活動も盛んに行った。薩長同盟にも大村藩の志士たちが関与していたという。鳥羽・伏見の戦いにも大村藩の新精隊が参加し、さらに戊辰戦争で各地を転戦した。

肥前国大村藩・大村家

大村純忠（1533〜1587）——初代 喜前（1569〜1616）——二代 純頼（1592〜1619）……→四代 純長（1636〜1706）——五代 純尹（1664〜1712）……→十二代 純熈（1831〜1882）

肥前国平戸藩・松浦家

肥前国の松浦地方には、平安時代より嵯峨源氏の末裔が居住していた。これに本来は別の血筋である周辺諸族を含んだ松浦一族は、朝鮮・中国に近いという地理的条件から貿易商人・水軍（海賊）として発展、独自の勢力を有するに至った。南北朝時代になると一揆的結合を見せて「松浦党」となり、動乱の時代を乗り切った。

その後は再び諸家が独立割拠を繰り返したが、戦国時代にはそのうちの一家で峯氏の子孫とされる平戸松浦家が台頭し、ポルトガルやオランダ・イギリスとの南蛮貿易でさらなる富を獲得した。秀吉の九州征伐に参戦して六万三千二百石の所領を安堵され、関ヶ原の戦いでは時の当主・鎮信《しげのぶ》が中立を保つ一方で嫡男・久信が西軍につくという二枚舌的な姿勢を見せたものの、戦後に処分を受けることはなかった。

また、四代・鎮信（初代と同名）の次男昌が一万石を分け与えられる形で平戸新田藩が成立しているが、これは独立した藩庁機構を持たない支藩である。

江戸時代初期には諸外国と幕府の交流の仲立ちに入るとともに自らも積極的に異国と関わり、貿易港としての平戸もさらに発展していった。しかし、幕府の鎖国方針に基づいてオランダ商館が長崎の出島へ移り、南蛮貿易の港としての価値を失った平戸は急速に衰退し、平戸藩もまた深刻な財政危機に陥ることになった。そのため、三代・隆信は検地や農政改革、俸禄制への転換といった初期の藩政改革の定番に加え、貿易港を持つ藩として他国商人の誘致による商魚業の活発化にも取り組んで、大きな成果をあげた。

五代・棟《たかし》は荒廃する農村の復興に尽力する一方で、外様大名でありながら寺社奉行として幕政に参加するという異例の快挙を遂げたが、これは臨時支出が増大するということであり、藩財政を大いに困窮させることとなった。

そのため、以後の藩主は倹約・上げ米・荒廃した農漁村の復興・殖産興業などの藩政改革にたびたび取り組み、一定の成果をあげた。その中でも寛政の改革を主導した九代・清《きよし》は学問好きで、二十年にわたって書き連ねた随筆集『甲子夜話』で知られている。

幕末期には近隣の大村藩と「大・平同盟」を結び、国事への介入や他藩内部闘争の調停など、積極的に藩の外へ出て動乱と関わった。時の当主である十二代・詮《あきら》は当初公武合体路線を標榜していたが、やがて尊王・討幕へと意見を変え、藩論もまた討幕へと傾いた。戊辰戦争へは軍制改革に基づいて洋銃を装備した銃隊を派遣している。

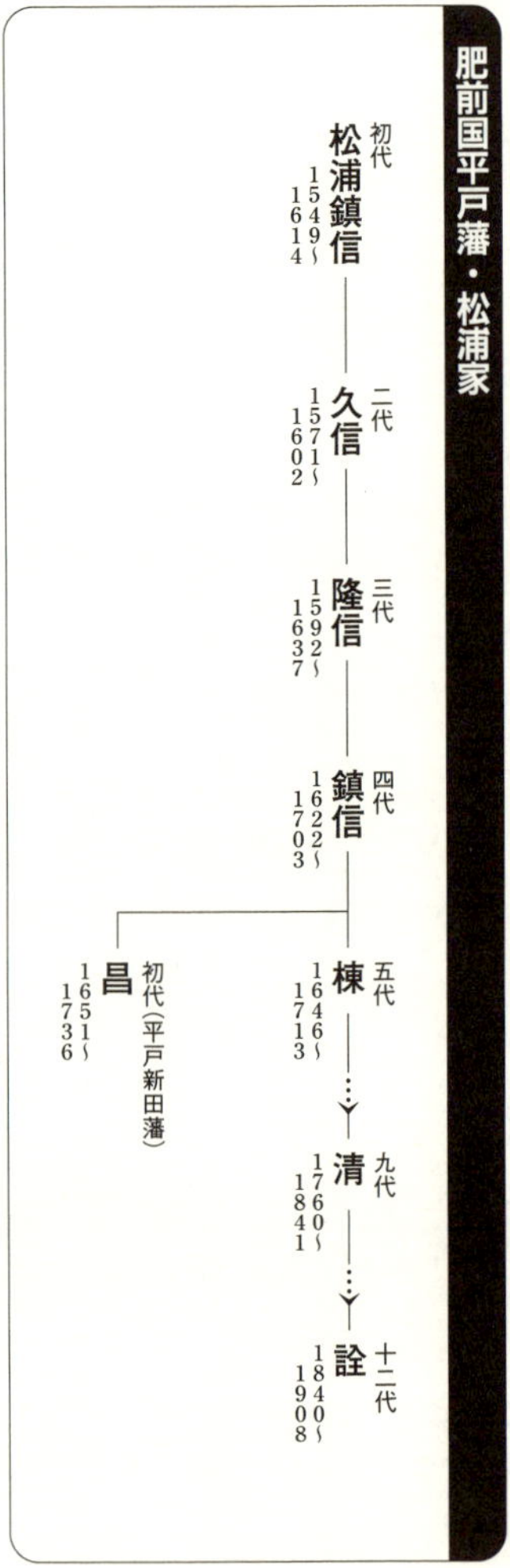

肥後国人吉藩・相良家

藤原家の末裔が遠江国榛原郡相良荘に住み、こう名のったことに始まる。この一族は源頼朝の御家人になり、地頭に任じられたことから肥前国へ移住した。その後、南北朝・戦国時代の動乱の中で一族同士の内紛を繰り返しながらも勢力を拡大し、九州でも有力な勢力の一つとなった。島津氏に敗れたのちその支配下に入ったが、秀吉の九州征伐後、相良国にあった旧領・球磨郡の二万二千石を安堵された。また、関ヶ原の戦いでは当初西軍に付いていたものの東軍側へ寝返り、これを評価されて処分は受けずに済んだ。

江戸時代中期まで、相良家は藩政の安定しない大名であり、御家騒動が続発していた。二代・頼寛《よりひろ》の頃に起きたのは、「お下《した》の乱」と呼ばれる事件である。この頃、人吉藩の藩政は重臣同士の対立の末に犬童頼兄《いんどうよりもり》（相良清兵衛頼兄）という男によって牛耳られていた。この専横があまりに過ぎたため、頼寛は幕府に訴え、頼兄は死罪相当と見られながらも功績を評価されて津軽家預かりとなった。しかし、その裁きが下る前に国元では、頼兄の養子とその一族が頼兄の屋敷（お下屋敷と呼ばれた）に立て籠もって戦った挙句に全員討ち死にしてしまった。

七代・頼峰の時には「御手判銀事件」が起きている。この頃、人吉藩では大水害などの天災が重なって藩士たちの生活が困窮し、何らかの救済を考える必要があった。そこで家老らは「御手判銀」として知行の半分を銀で貸し付けることによる策を打ち出した。しかし、一門衆は「貸し付ける代わりにその分の知行を差し押さえるのでは、結局藩士たちの収入が半減することになり、彼らがさらに追いつめられてしまう」と主張したために両派閥が対立。この件は一門衆が「頼峰の毒殺を計画した」という名目で処罰され、いったん解決した。ところがこの事件は後を引いた。両者の対立が続いた末に、八代・頼央《よりひさ》が鉄砲で射殺されてしまったのである。この際、家老らが「子供の遊びの竹鉄砲（爆竹）である」とごまかして調査を行わなかったため、「竹鉄砲事件」という。これによって相良家の血筋は断絶し、さらに五年にわたって十一人の藩主を迎えなくてはならないという非常事態に追い込まれた。ただ、十一代・長寛《ながひろ》以降は一応の安定を見たようである。

このように混乱が続いた背景には、古くからの名族である相良家が近世大名への脱皮を上手くこなすことができず、一門衆・家臣団の力が強く大名の支配力が弱いままで江戸時代を迎えたことがあったと考えられる。

　幕末期には軍制改革を巡って、外部から招かれて西洋式軍制（高島流砲術）を導入しようとした松本了一郎らと、古来の山鹿流軍学を守ろうとする家老らの間に対立が起きた。前者は佐幕派、後者は尊王攘夷派であったため、これは同時に幕末の思想対立でもあった。当初、この対立には家老派が勝利したものの、大火事でダメージを受けた人吉藩が、当初イギリスと接近していた薩摩藩から援助を受けた関係で西洋式軍制が見直された。
　ところが今度は松本了一郎が暗殺されてしまい、最終的に軍制は薩摩藩経由でイギリス式が導入されるという泥沼ぶりだった。このような混乱が後を引き、人吉藩が幕末の動乱に積極的な関与をすることはなかったのである。

肥後国人吉藩・相良家

二代 **相良頼寛**（1601〜1667）……→ 七代 **頼峰**（1735〜1758）―― 八代 **頼央**（1737〜1759）……→ 十一代 **長寛**（1752〜1813）

肥後国熊本藩・細川家

室町幕府で中心的な役割を果たし、特に本家である細川京兆家は三管領家の一つを占めた。応仁の乱後に足利将軍が実権を失ってからは特に大きな勢力を誇ったが、やがて内紛や家臣筋の三好家・松永家の台頭によって衰退、実質的な滅亡を迎えた。

しかし、細川氏のうち和泉半国守護家の末裔である細川藤孝が、最後の室町将軍・足利義昭を擁立する過程で織田信長と出会い、のちにその家臣となったことから再興した。藤孝は本能寺の変にあっては本来上司であった明智光秀からの参戦要請を蹴って中立の姿勢を見せ、羽柴（豊臣）秀吉が台頭すると、息子の忠興がこれに臣従した。関ヶ原の戦いに先立つ形で前田家が謀反の罪に問われそうになった際は、前田利家の娘を忠興の長男・忠隆の妻として迎えていたことから、細川家も巻き込まれそうになった。これに対して忠興は自ら家康のもとに赴いて釈明し、さらに三男を人質として送り、生き残りを図った。

後年のことになるが、忠隆は廃嫡され、徳川家のもとで数年を人質として過ごした三男――秀忠から一字をもらって忠利と名乗る――が細川家を継ぐことになった。忠隆は父との対立の末に勘当され、京で隠居生活を送った（のちに和解）。

結局、関ヶ原の戦い後に細川家は豊後国に三十九万九千五百石余りを与えられた。また、三代・忠利の代になって加藤家改易後の肥後国熊本五十四万石に入り、以後熊本藩・細川家として定着した。支藩として熊本新田藩・細川家三万五千石（江戸常駐の大名。明治に肥後へ入って高瀬藩となる）と宇土《うと》藩・細川家三万石が、支流として下野国茂木藩↓常陸国谷田部藩↓下野国茂木藩・細川家がある。

熊本藩の財政は当初安定していたものの、五代・綱利の時代には彼自身の派手好みの性格（庭園の造営や相撲の愛好など）に加えて時代の変化に対応しきれていなかったこともあり、財政危機に陥るようになった。また、七代・宗孝は江戸城において旗本に殺害される――しかも人違いだった！――という事件まで起きている。この時期の熊本藩財政は「参勤交代の費用が尽きてしばらく道中で立ち往生した」ほどであったという。

そんな中、八代・重賢は宝暦の改革を行って一定の成果をあげ、江戸時代中期を代表する名君の一人と讃えられた。これによって一度は好転した熊本藩財政であったが、やがて再び悪化。幕末期には八十万両以上という膨大な借金を抱えることになった。

幕末期にはそれまでの藩政をリードしていた学校党（宝暦の改革でつくられた藩校・時

習館の出身者）と、新しく台頭した横井小楠《しょうなん》ら実学党の対立が激化している。この実学党は、宗教的側面の強かった熊本藩の勤王党に代わって革新派的な役割を示した勢力である。また、横井小楠は熊本藩を離れて福井藩に迎えられ、幕末四賢侯の一人・松平春嶽のもとで活躍した人物であり、のちに坂本龍馬などとも交流している。

肥後国熊本藩・細川家

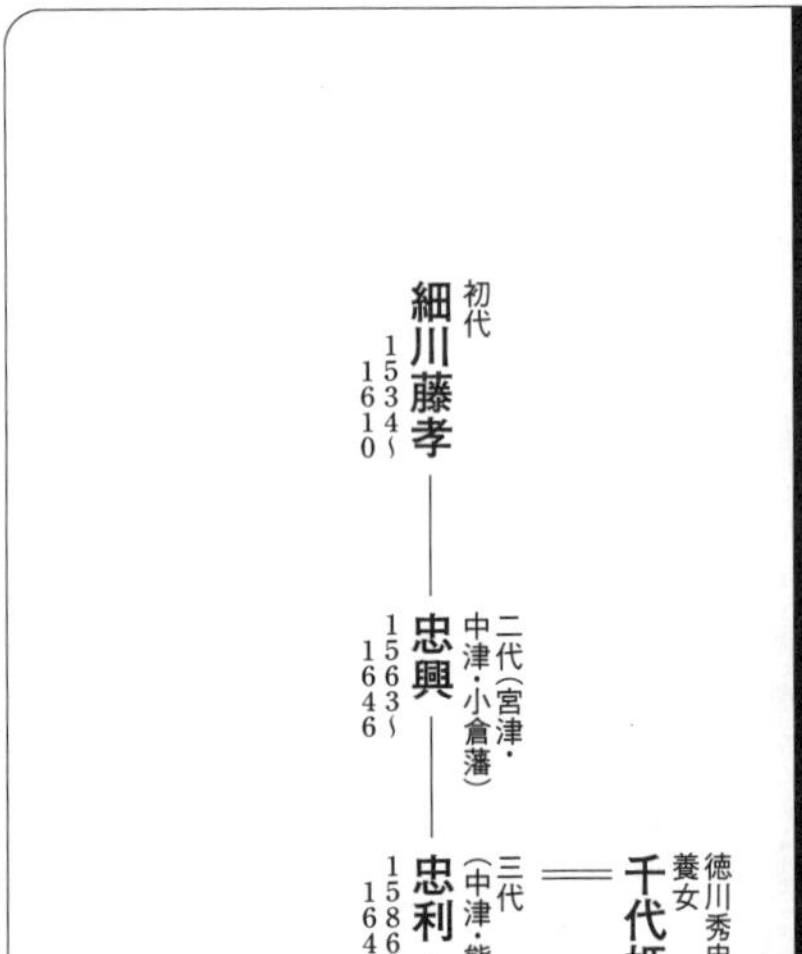

日向国飫肥藩・伊東家

藤原氏の流れを汲む工藤氏が伊豆国田方郡伊東荘に住みつき、この名を名のるようになった。いわゆる「曾我兄弟の仇討ち」における敵役・工藤祐経もこの一族であり、彼の孫の代に日向国に入って以後九州の有力武家の一つとなった。

戦国時代には飫肥《おび》城を拠点に薩摩氏と激しく争ったものの最終的に敗れ、時の当主・義《よし》祐《すけ》は血縁を頼って豊後国の大友宗麟のもとへ逃げのびた。ところがこの大友氏も島津氏に敗れたため、義祐は京へ逃れて羽柴（豊臣）秀吉に仕えた。彼の子・祐兵《すけたか》が秀吉の九州征伐に従軍して活躍し、その功によって飫肥城と日向南部の所領（石高はその後の検地によると五万七千八十六石余り）を与えられ、大名として復帰することになった（その後、三代）。また、関ヶ原の戦いでは東軍に付き、所領を守っている。

飫肥藩が領した日向南部は山がちな地形であり、耕作にはあまり適していなかったが、代わりに特産品として飫肥杉（伊東杉）があった。そのために藩は林業を奨励し、「三分の一山」制度で三分の二は民の収入としてよいとしたため、藩内の至る所に杉山を見ることになり、逼迫する財政の大きな助けとなったという。

また、十代・祐鐘《すけあつ》の時には、植林作業の労賃として食料を与えることで大飢饉に苦しむ農民たちの救済と長期的な造林を結びつけるなどの政策も行われている。

一方、飫肥藩にとって大きな問題となったのは、戦国時代から続く薩摩藩・島津家との因縁であった。これは特産品の杉を巡る対立ともあいまって、かなり火花を散らす関係であったようだ。

特に、二代・祐慶《すけのり》のときには領土問題——「牛の峠」問題が持ち上がった。薩摩藩との境界として「牛の峠」という場所があったのだが、木材の切り出しをめぐって両藩が対立し、「どこまでがどちらか」と領土問題になってしまったのである。これはなんと一六二七（寛永四）年から一六七五（延宝三）年までの約半世紀にわたって紛争が続いた末、幕府の評定所が「飫肥藩勝訴」と判決を下してようやく決着した。

遺恨はその後も残り、飫肥藩では正月に家臣団が島津討伐を誓う儀式があったというから尋常ではない。

幕末に立った十三代・祐相《すけとも》の頃には飫肥藩の財政は極度に逼迫しており、まず家臣の家禄三分の一を削減した。しかしこれでは足らず、期限付きとはいえ残った家禄のうち七分の一を供出させ、これが終わると今度は五年間の上米まで命じた。その上で倹約をする必要があったというのだから、財政危機の具合がわかる。

そんな中でも祐相は堕胎の禁止・老人の保護など民政を打ち出し、動乱の時代に合わせて軍制の改革や海防の充実などを行っている。

戊辰戦争においては薩摩藩に従う形で新政府側に付いており、二条城・甲府城の守備を務めている。

日向国飫肥藩・伊東家

伊東義祐（1512〜1585）――初代 祐兵（1559〜1600）――二代 祐慶（1589〜1636）…→十代 祐鐘（1772〜1798）…→十三代 祐相（1812〜1874）

薩摩国薩摩藩・島津家

祖の忠久を源頼朝の庶長子で惟宗《これむね》氏の養子となった人物であると称するも、実際には忠久はもともと惟宗氏の出身であったらしい。日向・薩摩・大隅三ヶ国の守護職と薩摩国島津荘の地頭職を与えられた忠久は地名をとって島津氏を名乗るようになり、やがてその子孫が九州に下って地盤を形成していった。

歴史が古く、勢力も大きい島津氏であったが、内紛が続いていた時期が非常に長かった。しかし戦国時代初期、庶流の伊作家から出た忠良とその子・貴久によって島津氏は統一され、さらに貴久の子である義久・義弘・歳久・家久の四兄弟が九州地方を席巻して、あと一歩で九州を統一するまでに至った。

豊臣秀吉の九州征伐に敗れて臣従したが、薩摩・大隅と日向の一部を所領とすることを許された。秀吉死後の関ヶ原の戦いでは西軍に付いたものの、戦後の交渉で上手く立ち回ったために所領を安堵される。さらに幕府の許可を受けた上で琉球を従属下に置いて、計七十二万八千石の大大名として江戸時代に入った。

関ヶ原の戦いとその後の交渉における島津家の活躍ぶりは特筆すべきものがあった。秀吉の九州征伐にも頑強に抵抗し、朝鮮出兵でも活躍しただけに、徳川家康・石田三成ともに味方に引き入れようと苦心したようで、島津義弘が朝鮮から戻ってくるや否やすぐに家康による接近が始まり、これに対抗して三成も「豊臣家に忠誠を誓う旨、誓詞を出してくれ」と言いつのっていたらしい。

島津家中は、豊臣政権への帰属意識が薄かったせいか、家康に味方する方向で意見がまとまっていたようだ。ところが、関ヶ原の戦いで島津軍は西軍に参加してしまう。その原因は、家康との約束通りに兵を率いて意気揚々と中央に向かった義弘が伏見城へ入ろうとしたところ、徳川家の家臣に入城を拒否されてしまったせいだという。これで怒り狂った義弘が、西軍への参加を決めたのである。

どうしてこんなことになったのかはわからないが、情報伝達速度の遅い時代のこと、何らかの行き違いがあってもおかしくはない。なにはともあれ、西軍として関ヶ原の戦いに挑んだ島津軍だったが、ほとんど戦わないうちに合戦は西軍の敗北で終わろうとしていた(原因は三成と義弘の不仲であるとも)。

さて撤退となった時、義弘は常識をひっくり返す手段を選んだ。通常、撤退というのは後ろへ向かって行うものだが、島津軍は前へ進む。東軍のど真ん中、家康の本陣をかすめるようなルートで突っ走り、最後には八十人ほどになりながらもついに逃げのびてしまった。これを俗に「島津の退き口」という。

戦後、義弘は九州へ戻り、そこから三年にわたって島津家と徳川家の間で交渉が行われた。他大名のケースを考えればよくて減封、悪ければ改易となってしかるべきだったが、最終的には旧領安堵という島津家にとっては最高の結果に落着した。

これには、義久、義弘の子・忠恒（家久）らの交渉が功を奏して「義久らは関わっていない」ということが認められたことや、島津家の所領が南九州という近畿からも関東からも遠い位置にあったことなど様々な原因が背景として考えられるが、「関ヶ原の戦いでの島津勢の活躍があまりにも壮絶すぎた」ことが理由だったとしても、まったく不思議ではない。

ただ、この時期の島津家にまったく問題がなかったわけではない。実際には指揮系統の分裂、という大きな問題があった。秀吉に臣従した際に当主・義久が出家して、家督が忠恒に譲られるという複雑な経緯をたどったため、江戸時代の初期には義久・義弘・忠恒の三人が権力者として並び立つ「三殿体制」という不安定な体制とならざるを得なかったのである。一時期、この三者の関係が悪化して不穏な空気も流れたが、間もなく義久が病没したので大きな問題には発展しなかった。

島津家はほぼ唯一の転封を経験しなかった大大名であり、そのため薩摩藩は領内を百余りの外城に分けてそれぞれに拠点を置き、そこに住む地頭と城下士（郷士）に統治を行わせる、中世からの流れを汲む支配体制をとった。ただし、寛永年間以降には地頭は外城に赴かずに鹿児島城下に住むようになり、近世武士的な性格を持つようになる。

薩摩藩の統制は非常に厳しかった。たとえば宗教の面でいえば、キリシタン禁令は全国共通だが、島津家はこれに加えて一向衆（浄土真宗本願寺派）を禁止し、たびたび調査が行われてはこれに抵抗する動きがあったという。また、身分制度や職能という面でも薩摩藩の統制は厳しく、庶民が自発的に発展する傾向が乏しい代わりに、農民一揆などもほとんど起こらなかった。

薩摩藩は当初から経済問題を抱えている藩であった。軽石や火山灰で構成されるシラス台地が広がる薩摩領は貧しい土地柄であり、さらに火山の噴火や台風の直撃と自然災害の発生しやすい地理条件も重なって、表高よりもはるかに少ない収入しか得られなかったからだ。これに加えて七代・重年の頃には御手伝普請で宝暦の治水工事に駆り出されて財政的に大きな負担を被ることになった。続く八代・重豪《しげひで》は「蘭癖」と呼ばれた人で藩校や医学館・薬草園を開き、オランダの品々を収集するなど開化政策を進めたが、これが薩摩藩の財政にさらなる悪影響を与えた。

九代・斉宣《なりのぶ》に代替わりした後、これに反撥する形で「近思録」派と呼ばれる集団らが政治改革を行おうとしたものの、重豪に弾圧され、改革は頓挫した（近思録崩れ）。この事件後に隠居へ追い込まれた斉宣に代わってその子の十代・斉興《なりおき》が家督を継いだが、実権を掌握したのは重豪であった。

こうした混乱と財政危機の中で登用され、財政再建を実現したのが調所広郷である。いわゆる天保の改革において彼は、商人たちに対して「借金は二百五十年割・無利子で返す」という実質的な踏み倒しを敢行して借金を整理し、さらに奄美諸島の黒糖の専売や琉球貿易を拡大する政策によって、困窮していた薩摩藩財政を見事に救った。

重豪没後も調所広郷が藩政に大きな位置を占めたが、そこから「お由良騒動」が起きた。斉興には嫡男の斉彬《なりあきら》とその異母弟の久光がおり、両者同士の関係は良好であったらしいのだが、久光の生母で斉興側室のお由良の方と広郷が結託し、久光に家督を継がせようと画策したのである。広郷としては、重豪譲りの開明主義者である斉彬が家督を継承すれば、再び財政に悪影響を与えるのではないかと危惧したらしい。

しかし一方で斉彬には彼を擁立しようとする改革派の藩士たちがおり、両者の暗闘が過熱した末に老中・阿部正弘らの介入もあって、斉彬が十一代目として家督を継ぎ、一件落着した。

無事藩主となった斉彬は養蚕・砂糖・紙・菜種といった特産物の奨励や、巨大工場群・集成館を中心として反射炉による小銃・大砲の生産や陶磁器・硝子・電信機などの生産や開発を研究させ、さらに造船事業も推し進め、来るべき動乱と開国の時代に向けて海防に心を配った。

斉彬の眼は藩内だけでなく幕政にも向けられ、日米修好通商条約と十三代将軍・家定の後継者を巡る問題が持ち上がった際には一橋派の中心人物として幅広く運動を展開した。また、これに先立つ形で養女の篤姫《あつひめ》を家定の正室として送り込んでいたことはあまりにも有名である。

このような活動から斉彬は幕末四賢侯の一人に数えられ、また開明的大名の代表格とも見られた。ところが、幕政工作が失敗して十四代将軍として徳川家茂が立った直後に病に倒れ、そのまま亡くなってしまう。

跡を継いだのは異母弟・久光の息子の忠義であり、薩摩藩の実権は「国父」久光がにぎることになる。彼もまた幕政に深く関与し、自ら江戸へ上って参勤交代の緩和など文久の改革を実現させ、公武合体路線で動乱をまとめようと画策したのだが、その帰路で行列を横切ったイギリス人を殺傷する生麦事件を起こしてしまう。これがきっかけになって薩摩藩はイギリス艦隊に攻撃され（薩英戦争）、外国の力を知って攘夷から親英へと路線を変更していくことになる。

また、もう一つ大きな要素となったのが長州藩との関係であった。薩摩と長州は京での主導権を巡る争いから犬猿の仲になっていたが、のちに坂本龍馬の仲介により和解し、薩長同盟を結んで討幕のために動いていくことになる。

こうした動きを主導したのが、かつて斉彬によって見出された西郷隆盛・大久保利通といった下級武士より登用された人材たちであり、彼らは王政復古の大号令・戊辰戦争を経て幕府側勢力を打倒し、新政府を樹立して新たな時代を築いていった。しかし、その中心人物であった西郷隆盛は派閥闘争に敗れて薩摩へもどり、不平士族の反乱に担ぎ出される形で西南戦争を戦い、自決している。その際、久光・忠義親子は不干渉・中立を守ったという。

薩摩国薩摩藩・島津家

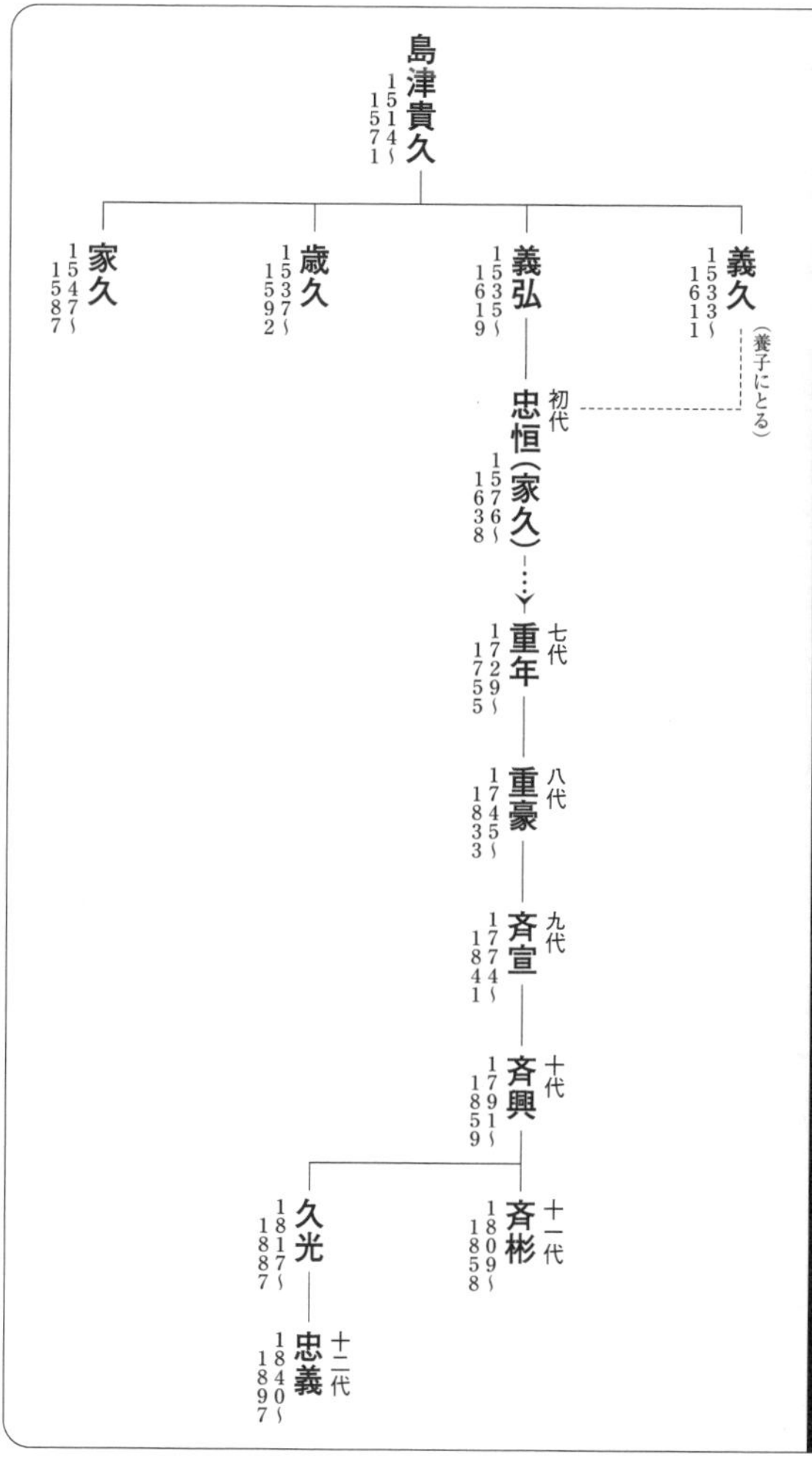
島津貴久
1514〜1571
義久
1533〜1611
義弘
1535〜1619
歳久
1537〜1592
家久
1547〜1587
(養子にとる)
初代
忠恒(家久)
1576〜1638
七代
重年
1729〜1755
八代
重豪
1745〜1833
九代
斉宣
1774〜1841
十代
斉興
1791〜1859
十一代
斉彬
1809〜1858
久光
1817〜1887
十二代
忠義
1840〜1897

対馬国対馬藩・宗家

源平合戦において平氏側で活躍しながら敗れ、壇ノ浦で入水した平知盛の遺児・惟宗判官知宗の末裔とされる。その子が対馬で地頭職を与えられ、武士として活動する際の名前として、惟宗にちなんで宗氏と名乗ったのだという。しかし、このあたりのエピソードは後世の創作のようだ。

以後、宗氏は対馬の地理的条件を活かして朝鮮に対する日本側の窓口となり、日朝貿易で大きな利益を得た。豊臣秀吉の九州征伐後に臣従の姿勢を見せ、対馬の旧領を安堵されて朝鮮との交渉役を務めるも、のちに秀吉が二度にわたる朝鮮出兵を敢行したことから最大の収入源である朝鮮貿易が途絶してしまった。

関ヶ原の戦いでは、時の当主・義智《よしとし》が小西行長の娘を正室に迎えていたことから西軍に与して伏見城攻撃などに参加したものの、幕府から特別な処分を受けることはなかった。これは朝鮮への窓口という価値を認められたものと思われる。この際、義智は正室と離縁している。

宗家にとって最大の急務は朝鮮との関係正常化であった。秀吉の朝鮮出兵の影響で、朝鮮側は国交再開に難色を示したが、宗家は九年にわたるねばり強い交渉の末にこれを成し遂げた。

この功績から対馬藩（府中藩）は幕府によって十万石格として扱われたが、実際の石高は対馬島のものが一万七千石余り、朝鮮出兵の際に与えられた肥前の一万石余りでしかなく、その身代や役割——代替わりの際にやってくる朝鮮通信使の護衛など、朝鮮との窓口——を担うには大きく不足していた。藩の財政を支えていたのは、鎖国の時代において数少ない「海外との窓口」である対馬藩にだけ認められていた朝鮮貿易による利潤であったが、実際のところはそれでも足らず、文化年間には二万石余りの手当て地が与えられていた。

当初の宗家は「寄り合い所帯のリーダー」で、貿易の利益配分や家臣団との関係という点で支配力が弱かった。しかし、二代・義成の時に朝鮮との外交の実権を掌握していた重臣が外交文書の偽造・改ざんを行っていたことが発覚。この事件を契機として、貿易利益の藩への集中化や兵農分離などの改革が行われた。三代・義真の頃には地方知行から俸禄制への転換も行われ、近世大名的な統治システムもようやく確立したのである。

このような改革と、朝鮮貿易や銀山開発の成功もあって、十七世紀後半には対馬藩はおおいに富み栄えることになった。ところが、十八世紀になると朝鮮貿易・銀山の双方が衰退を始め、さらにたびたび城下が大火にあったことから、一転して財政危機に見舞われてしまった。

これに対して藩としても倹約や借上などの財政対策を徹底し、さらには幕府からも度重なる補助金や前述したような手当て地を与えられたものの、ついに事態を好転させることはできなかった。

幕末に至って諸外国の船が近海に出没し、対馬藩としても海防の必要性が強く出てきた。しかし折からの財政窮乏もあり、独力では不可能と判断した一派が幕府へ移封の嘆願書を出した。だがこれは過激な尊王攘夷派の怒りを買い、この件を主導した家老が暗殺され、話も立ち消えになってしまっている。

動乱の時代の中で藩内の対立はさらに過激化し、佐幕派によるクーデターが起きて尊王攘夷派が一掃されるも、これを主導した佐幕派の重臣・勝井五八郎および反発した家老の平田大江達郎の双方が十六代・重正によって殺された。この一連の「勝井騒動」後も藩内の意見統一は見られず、そのまま明治維新を迎えることになる。
明治時代にはひきつづき朝鮮との開国交渉（朝鮮通信使は文化年間に途絶していた）にあたったが難航し、最終的にはこうした役目も外務省へ移ることになった。

対馬国対馬藩・宗家

初代 宗義智（1568〜1615）――二代 義成（1604〜1657）――三代 義真（1639〜1702）……→十六代（厳原藩）重正（1847〜1902）

出羽国天童藩／丹波国柏原藩・織田家(信雄系)

戦国時代後期を席巻した織田信長で知られる織田氏はいくつかの系統に分かれて江戸時代に残ったが、そのうち大名として続いた家には、信長の次男・信雄《のぶかつ》の系統と信長の弟・

長益の系統の二つがある。本項では信雄の系統について紹介する。

織田氏の祖は平氏の一族だというが、これは後世の創作であるらしい。実際には越前国の織田剣神社の神官を始まりとし、これが斯波氏に付き従って尾張に移り、そこに根付いたと考えられる。

信雄は父の後継者となるべく羽柴（豊臣）秀吉に接近したが、やがて対立するようになり、徳川家康と手を組んで秀吉に対抗したが、結局は独自で講和を結んでしまった。この頃には伊賀・尾張・伊勢南部の百万石を領したが、秀吉の転封命令を拒否したせいで所領は没収。のちに許されて秀吉の傍近くに仕えた。かつての縁からか家康との関係は深く、大坂の陣後に約五万一千二百石を与えられている。

信雄の子の中からは、長男の信良が上野国小幡二万石を、五男の高長が大和国松山二万八千石余りを継承した。この時点では信良の家が織田氏の宗家であったが、高長が「自分こそ宗家」と主張した結果、幕府によって宗家と認められた。その後、高長の系統は高家織田家が分かれたのちに丹波国柏原藩二万石へ減封され、信良の系統は出羽国高畠藩へ、そして同じく天童藩二万石に転封され、それぞれ幕末まで定着した。

また、両藩ともに当初は国持ち大名格あるいはそれに準じる格式を与えられていた。これは織田家という徳川将軍家とも浅からぬ因縁を持つ家ゆえの処置であったが、のちにこの特権は取り上げられ、石高に準じた格となった。

高長系統（柏原藩）のトピックとしては、藩主が起こした数度の事件がある。

そもそも、松山藩から柏原藩へ減封されたこと自体が、四代・信武の起こした「宇陀事件（宇陀崩れ騒動）」への罰則なのだ。信武は先代以来の重臣を重用していたのだが、その政治が他の家老たちに評判が悪く、激しく対立した。最終的に反対派の家老の一人が信武に直訴したものの、激怒した彼はその家老を殺害、屋敷に籠もっていたもう一人は信武の命を受けた兵たちに取り囲まれてやはり殺され、その罰は彼らの一門にまで及んだ。その後、信武は我に返ったのか罪を悔いるようになり、自決して果ててしまった。家格を下げられたのもこの時のことだ。

八代・信憑《のぶより》と九代・信守《のぶもり》の代にも事件が起きている。まず、信憑の後継者を巡る御家騒動は「秘命騒動」と呼ぶ。信憑は分家から入った人で、本来は先代の子・信応《のぶまさ》を跡継ぎにしようとした。ところが死んでしまったので、実子の信守を跡継ぎに、信応の子・信古《のぶもと》をその養子にして次々代を継がせようと考えた。本家の血を守る、という意識が強かったのだろう。

これに反発したのが信守だ。「実子の信貞を跡継ぎにしたい」と考えた信守は、「信古は病弱だから」と理由をつけて廃嫡しようと画策したのである。我が子可愛さの行動だったのだろうが、こんなことをしたら他の織田一族が黙っているはずもない。結局、重臣たちの命がけの説得を受け、しぶしぶと撤回、事件は終わった。

ところが、跡を継いだ信守はさらなる事件を起こした。無駄遣いで財政を悪化させた挙句、愛妾の保野を藩政に関わらせるなどして家臣団の反感を買ったのだ。結局、耐え切れなくなった重臣たちによって幕府に訴えられ、隠居に追い込まれた。

そんな中でも十二代信敬《のぶたか》は藩政改革に果敢に取り組み、名君と讃えられた。

幕末には藩論が勤王に統一され、鳥羽・伏見の戦いにおいては新政府軍に味方して各地の守衛を命じられている。

信良系統（天童藩）では、小幡藩からの転封にまつわる事件が大きなトピックといえる。七代・信邦は藩政改革を巡って家臣団同士の対立が続く中、学者の吉田玄蕃を家老として改革を推進させようと考えた。ところが玄蕃は友人で尊王論者の山県大弐《だいに》とともに幕府より謀反の疑いを掛けられて処罰されてしまい、このとばっちりを受ける形で転封および家格の取り下げということになってしまったのである。十代・信学《のぶみち》の代には家格の復活を目指して運動も行われたが、結局失敗している。
幕末の動乱においては奥羽越列藩同盟に参加したが、一方で新政府側からの圧力も強かったため、板挟みとなって藩論も一時分断されてしまった。最終的に天童藩は同盟側として新政府軍と戦い、諸藩とともに降伏することになった。

出羽国天童藩／丹波国柏原藩・織田家（信雄系）

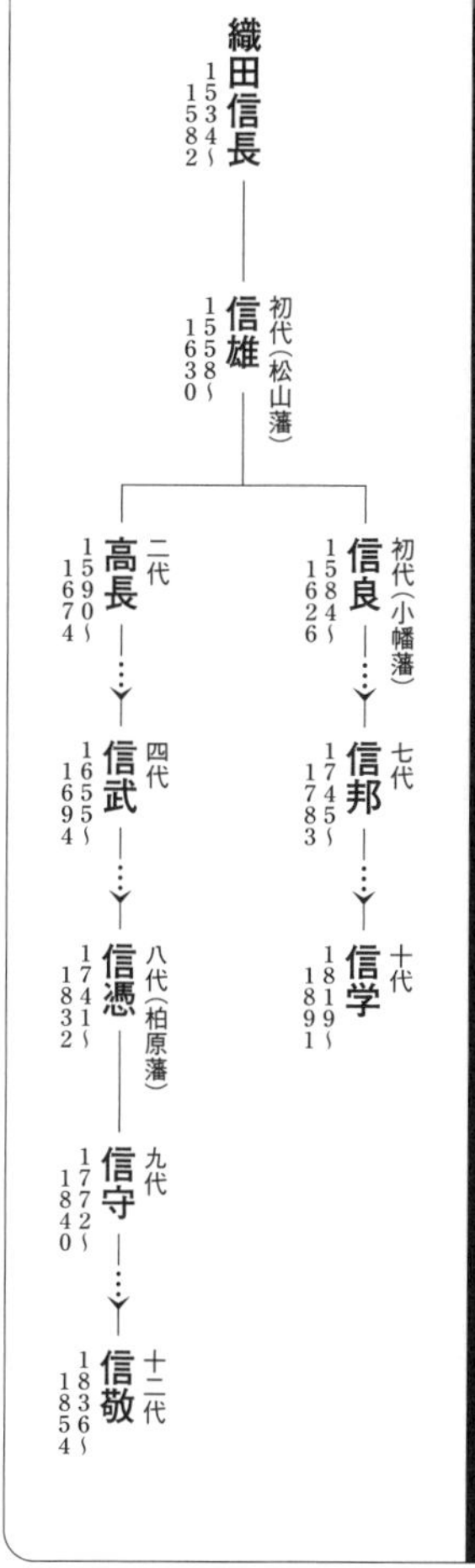

大和国戒重藩／大和国柳本藩・織田家（有楽斎系）

織田氏のもう一方の系統は、信長の弟・織田長益を祖とする流れだ。長益は織田・豊臣両政権で活躍した武将だったが、それ以上に茶人・有楽斎《うらくさい》として高名な人物である。関ヶ原の戦いでは東軍に付いて三万石を与えられ、さらに大坂冬の陣においては大坂城内で豊臣方に付くと見せて幕府のスパイとして働いた、という。

長益の子のうち、嫡男・長孝は関ヶ原の戦い後に野村藩一万石を与えられているが、さらにその子・長則が後継者なく亡くなったことから断絶となり、ここに直系は絶えている。一方、長益より大和国戒重《かいじゅう》一万石を与えられた四男・長政の血筋は戒重藩・織田家（のちに陣屋を移転して芝村藩とも）として、大和国柳本一万石を与えられた五男・尚長の血筋は柳本藩・織田家として、それぞれ幕末まで残っている。

芝村藩のトピックとしては、七代・輔宜《すけよし》の代に幕府領の管理を任せられ始めたことがある。これは次第に増加し、八代・長教《ながのり》の代には九万三千四百石余りの幕府領を預かった。

ところが、年貢の増加に反発した預かり地の農民たちが京都奉行所に訴えて大事件となった「芝村騒動」や、預かり地を管理していた芝村藩の役人たちと商人との収賄事件までが発覚し、預かり地はすべて召し上げとなった。

柳本藩最大の危機があったのは、四代・秀親《ひでちか》の時のことである。五代将軍・綱吉の法会が行われていた時に、突如として狂乱した大聖寺新田藩主・前田利昌によって秀親が殺害されてしまったのである。原因は、傲慢な振る舞いが目立つ秀親に対して利昌が激怒したことだという。

このままならば柳本藩・織田家は断絶になるところだったが、家臣団はこれを「病死」として届け出、かつその弟・成純《なりとし》を末期養子として申請することで、どうにか命脈を保つことに成功した。

他の藩と同じく柳本藩もまた時代が進む中で財政危機に陥った。これに対し、十一代・信陽《のぶあき》は藩士のリストラ・有用な人材の登用と藩政改革を行った。また、「城主格」へ家格を上昇させることに成功したのも、彼の功績である。

大和国戒重藩／大和国柳本藩・織田家（有楽斎系）

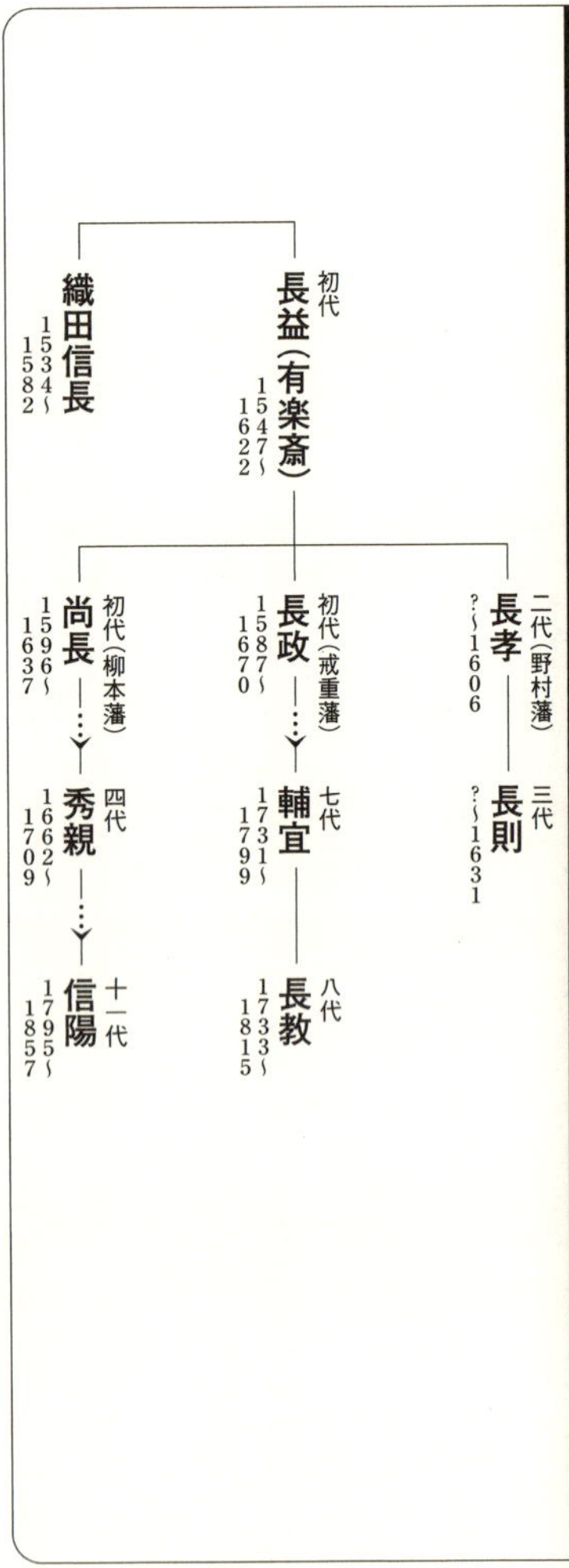

小笠原家（府中系）

清和源氏・新羅三郎義光のひ孫にあたる長清が甲斐国中巨摩郡小笠原村に居住したこと

に始まる小笠原氏は複数の家に分かれたが、そのうち江戸時代に大名として残ったのは府中小笠原系と伊奈松尾小笠原系である。この項では両者が分かれた経緯と、府中小笠原系について紹介する。

小笠原氏の嫡流は信濃国に定着し、また小笠原流の弓術・馬術・礼儀作法を伝える名家として尊重されたが、信濃での勢力は決して大きくなかった。さらに戦国時代には「嘉吉の内訌《ないこう》」と呼ばれる内紛を起こし、府中小笠原家と伊奈松尾小笠原家に分裂してしまった。

嫡流にあたる府中小笠原家は進出してきた甲斐の武田信玄とたびたび戦ったがついに敗れ、信濃を追われて越後の上杉謙信を頼った。その後は織田信長に、ついで徳川家康に仕え、一度は豊臣秀吉のもとへ寝返ったものの再び家康のもとに戻り、小笠原秀政の代に譜代大名として江戸時代に入った。この秀政は家康の長男・信康の娘を妻に迎えており、徳川家との結びつきは非常に強いといえる。

府中小笠原系の大名家はさらに大きく三つに分かれる。本家筋にあたるのが秀政の次男の忠真《ただざね》を祖とする小倉藩・小笠原家、秀政の嫡男・忠脩《ただなが》の子である長次に続く安志藩・小笠原家、秀政の三男・忠知を祖とする唐津藩・小笠原家である（譜代のため国替えは省略）。小倉藩・小笠原家には支藩として小倉新田藩・小笠原家がある。嫡男の血筋が本家となっていないのは、秀政と忠脩が大坂の陣で戦死し、残された長次がまだ幼かったためらしい。

忠真系小笠原家は熊本藩へ移った細川家の代わりとして、外様大名が多い九州地方の要所である小倉の地に置かれた。譜代の中でも徳川家と深い結びつきのある小笠原家が配置されたのは、非常に大きな意味があったようだ。

この家もまた、他藩と同じく時代が進む中で財政危機に見舞われたためにたびたび藩政改革を試みたが、最終的にはなかなかうまくいかなかったようだ。五代・忠苗《ただみつ》の時の改革はある程度うまくいったのだが、農村の疲弊・借金の増大につながってしまう。さらに保守派の反発によって御家騒動が勃発、改革は頓挫した。

これに続く六代・忠固《ただかた》の代には「白黒騒動」と呼ばれる大規模な御家騒動が起きている。きっかけになったのは、忠固が老中就任を企図したことだった。家老の中でも最も格の高かった小笠原出雲とその支持者がこれを支持したのに対し、四人の家老とその支持者は出費の増大を嫌って反対し、激しく対立した。最終的に反対派が藩を一時出奔する事態にまで発展し、忠固は幕府の命によって百日間謹慎するに至った。ちなみに、反対派は黒崎の地へ出奔したために「黒派」、賛成派はその対比として「白派」と呼ばれた。

一方、断絶の危機に見舞われたのが長次系小笠原家である。この家は中津藩八万石を与えられていた。しかし、四代・長胤《ながたね》が困窮した財政を立て直すために藩政改革を進める中で家臣知行の半減を行ったために家臣団から反撥を受け、ついに幕府が介入して苛政と乱行を理由に所領を没収されてしまったのである。

この際は半分の四万石だけは改めて与えられ、五代・長円《ながのぶ》が家督を継いだ。ところが彼は気鬱の病にかかった挙句に江戸で酒色にふけって藩財政を傾け、さらにその子の六代・長邕《ながさと》が夭折したせいで、無嗣断絶となってしまった。

しかし幕府はここでも名門・小笠原家の功績を慮る形で存続を許し、播磨国安志藩一万石として幕末まで続いたのである。

幕末には、小倉藩が厳しい立場に立たされた。長州藩に近い位置関係から長州征伐の前線基地的な位置付けとなったのだが、第二次長州征伐で激しい戦いが行われるさなか、将軍・家茂の死によって幕府軍が撤退してしまったため、小倉藩は孤立してしまった。そこで居城である小倉城を焼き払うと田川郡の香春《かわら》へ退却、この地を拠点として新たに香春藩を名のり、長州藩には小倉を明け渡すことで和睦をするまでに追いつめられたのだった。

その後は財政難に苦しめられつつ、戊辰戦争には新政府側として兵を派遣している。

小笠原家（府中系）

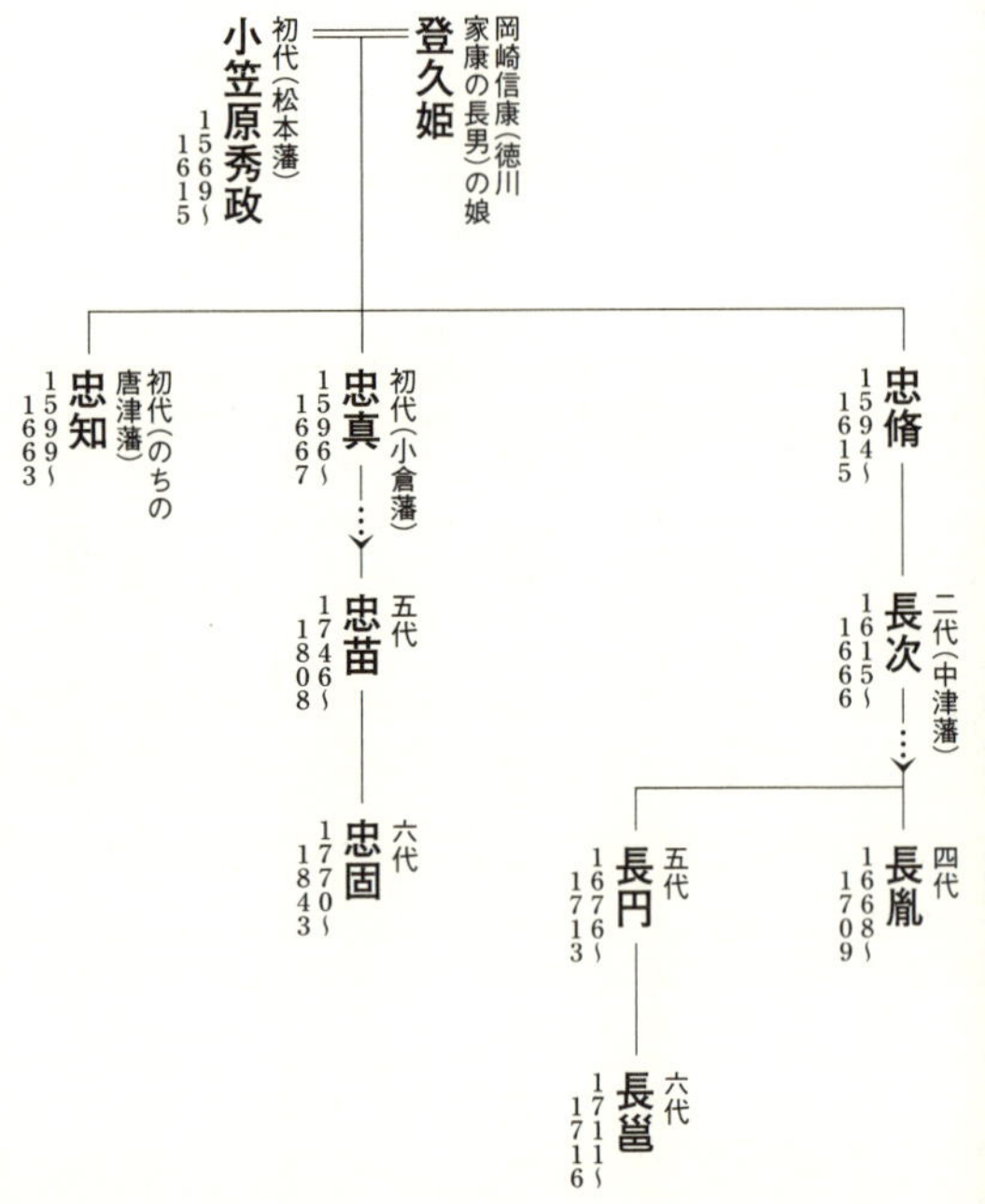
岡崎信康（徳川家康の長男）の娘
登久姫
初代（松本藩）
小笠原秀政
1569〜1615
忠脩
1594〜1615
二代（中津藩）
長次
1615〜1666
四代
長胤
1668〜1709
五代
長円
1676〜1713
六代
長邕
1711〜1716
初代（小倉藩）
忠真
1596〜1667
五代
忠苗
1746〜1808
六代
忠固
1770〜1843
初代（のちの唐津藩）
忠知
1599〜1663

小笠原家(伊奈松尾系)

伊奈松尾小笠原家は信濃へ侵入してきた武田家に従属したものの、織田・徳川連合軍による武田征伐に際しては織田家に寝返り、織田信長が死ぬと徳川家康に臣従し、譜代大名となった。

家康が関東へ入った際に初代・信嶺《のぶみね》が武蔵国の本庄に一万石を与えられて以来、何度か転封されたが、四代・貞信の時に越前国勝山藩二万二千七百石に転封し、以後この地に定着した。

当初から財政問題に苦しみ、五代・信辰《のぶとき》の時には城主格の家格の回復を許されて勝山城の再建を許されたものの費用の不足から中断せざるを得なくなった。それどころか後の代になって工事が再開されたもののやはり費用不足で中断、さらに火事によって焼失し、ようやく完成したのは十代・長貴《ながたか》の時のことだった。

この長貴は幕政で若年寄にまで出世した人物で、人格者でもあったと伝えられるが、彼の治世下には勝山城の火災だけでなく大規模な打ちこわしや一揆、天保の飢饉などが起こって、財政の悪化はさらに深刻になった。

幕末期の十一代・長守《ながもり》は煙草や生糸などの特産物の開発を通じて藩政改革に尽力した人物であり、戊辰戦争に際しては新政府側へ恭順、弾薬二万発を献上したという。

小笠原家（伊奈松尾系）

初代（本庄藩）**小笠原信嶺**（1547〜1598）…→ 四代（高須・勝山藩）**貞信**（1631〜1714）…→ 五代 **信辰**（1686〜1736）…→ 十代 **長貴**（1793〜1840）— 十一代 **長守**（1834〜1891）

参考文献

国史大辞典編集委員会『国史大辞典』吉川弘文館
工藤寛正編『江戸時代全大名家事典』東京堂出版
大石学編『江戸幕府大事典』吉川弘文館
藩史研究会編『藩史事典』秋田書店
「新編物語藩史」シリーズ　新人物往来社
「藩史大事典」シリーズ　雄山閣出版
「県史」シリーズ　山川出版社
『詳説日本史研究　改訂版』山川出版社
『日本の歴史　18　大名』小学館

著者略歴

榎本秋《えのもとあき》

東京都生まれ。WEBプランニング、ゲーム企画、書店員を経て、現在は著述業。日本史・中国史のほかライトノベルについても造詣が深い。

著書に、『戦国軍師入門』（幻冬舎新書）、『10大戦国大名の実力』（ソフトバンク新書）、『ライトノベル作家になる』（新紀元社）、『完全図説　戦国姫君列伝』（朝日新聞出版）、『直江兼続――恐るべき参謀』『オタクのことが面白いほどわかる本』（以上、中経出版）、『時代小説最強！ブックガイド』『ライトノベル最強！ブックガイド―少年系』『ライトノベル文学論』（以上、エヌティティ出版）、『徹底図解　坂本龍馬』『徹底図解　大奥』『徹底図解　飛鳥・奈良』（以上、新星出版社）などがある。

幻冬舎新書 189

外様大名40家
「負け組」の処世術

二〇一〇年十一月三十日 第一刷発行
二〇一〇年十二月十五日 第二刷発行

著者 榎本秋

発行人 見城徹
編集人 志儀保博
発行所 株式会社 幻冬舎
〒一五一-〇〇五一 東京都渋谷区千駄ヶ谷四-九-七
電話 〇三-五四一一-六二一一(編集)
〇三-五四一一-六二二二(営業)
振替 〇〇一二〇-八-七六七六四三
ブックデザイン 鈴木成一デザイン室
印刷・製本所 中央精版印刷株式会社

検印廃止

Printed in Japan ISBN978-4-344-98190-4 C0295
え-2-2

幻冬舎ホームページアドレス http://www.gentosha.co.jp/
*この本に関するご意見・ご感想をメールでお寄せいただく場合は、comment@gentosha.co.jpまで。

幻冬舎新書

平野貞夫
坂本龍馬の10人の女と謎の信仰

落ちこぼれだった龍馬が32歳で海援隊を結成し幕末の風雲児へと変貌を遂げた裏には、彼が20代を通して心酔した謎の信仰と女の存在があった。大河ドラマ「龍馬伝」が描かない龍馬の秘部とは。

鈴木由紀子
最後の大奥　天璋院篤姫と和宮

十三代将軍家定に嫁いだ篤姫と十四代家茂の正室皇女和宮。対立していた嫁姑が、徳川家存続のためともに動きだす。終焉に向かう江戸城大奥で無血開城を実現させた女性を通じてひもとく、明治維新の裏表。

斎藤環
思春期ポストモダン
成熟はいかにして可能か

メール依存、自傷、解離、ひきこもり……「社会」を前に立ちすくみ確信的に絶望する若者たちに、大人はどんな成熟のモデルを示すべきなのか？　豊富な臨床経験と深い洞察から問う若者問題への処方箋。

アダム徳永
出世する男はなぜセックスが上手いのか？

仕事で成功する鉄則は、女を悦ばせる秘訣でもあった！〝スローセックス〟を啓蒙する著者が、仕事とセックスに通底する勝者の法則を解説。具体的ノウハウを満載し、性技の道を極める一冊。